ナツメ社の
Garden Books

はじめての
インドアグリーン
選び方と楽しみ方

[監修]
観葉植物 **尾崎 忠**　　多肉植物 サボテン **野末陽平**　　エアプランツ **藤川史雄**

ナツメ社

Contents
目次

Part 1 Living with green
グリーンのある毎日 …5
住まいを快適にセンスアップ

実例

個性的なグリーンと同居する洗練された生活と仕事の空間
槙谷桜子さん …6

コーディネートの必須アイテム 癒しと彩りを与えるグリーンは
原まゆみさん …10

こだわりのディスプレー 珍しい植物の個性を生かした
中森ちささん …14

心地良い空間づくりに成功 ここぞという場所に配して
吉田祐治さん、和子さん …18

Part 2 How to choose
グリーンの選び方 …21
的確なセレクトの目安を知ろう

22 インドアグリーンとは、どんな植物？
24 どこに置きたいか考えよう
26 自分好みの形や色を見つけよう
28 ライフスタイルに合う植物を選ぼう

Part 3 Large
インテリアの主役になる大きなグリーン …29
確かな存在感で室内をおしゃれに

実例
専用スペースにまとめて飾ったグリーンが存在感を発揮
小熊一茂さん …30

Part 4 Medium
アクセントになる中くらいのグリーン …59
さわやかコーディネートに欠かせない

実例
しなやかな枝ぶりの品種選びで たくさんのハンギングで楽しむ 枝葉の造形のおもしろさを
Fさん …60

スツールで高さを出して 上品なインテリアになじませて
宅間美津子さん …64

シンボル的に引き立てる
西原芽久美さん …68

カタログ
カフェで見つけたGreenアイデア …70
樹高または草丈1～1.5mの植物カタログ …74

Part 5 Small
省スペースで楽しめる小さなグリーン …79
コンパクトだから使い勝手は抜群

実例
窓辺の鉢台にグリーンを集めてボリューム感アップ
神頃智子さん …80

小ぶりなグリーンが季節のしつらいのポイントに
安達智美さん …82

カタログ
草丈1m以下の植物カタログ …84

大きいグリーンを用いて木陰で過ごせるような空間にTさん …34

シンプルな空間で存在感を放つのびやかなグリーンたち
斉藤美由紀さん …38

カタログ
樹高1.5m以上の植物カタログ …40

Part 6 Display idea

印象的なディスプレーの演出に役立つ

グリーンの飾り方アイデア … 103

- Lesson1 鉢&鉢カバーにこだわる … 104
- column 水まわりのコーディネートに注目 … 110
- Lesson2 鉢の飾り方にひと工夫 … 111
- TIPS 注目の植物 Pick up! … 114

Part 7 Succulent plants etc.

室内空間に瑞々しさをプラス

かんたん&かわいい 多肉植物、サボテン、エアプランツ … 115

- ビターなインテリアに合う 個性が光るグリーンをセレクト 木田みゆきさん … 116
- カタログ シーンを個性的に彩る 多肉植物・サボテン&エアプランツ … 120
- 実例 多肉&サボテン&エアプランツと上手につき合う … 129
- 多肉植物で寄せ植えを作ろう … 132
- 多肉植物&エアプランツのディスプレー術を学ぼう … 136

- TIPS インドアグリーンQ&A … 141
- TIPS インドアグリーンを楽しむための定番グッズ … 146

Part 8 Container garden

人気店が教える寄せ植えテクニック

グリーンが主役の コンテナガーデン … 147

Part 9 Shop guide

素敵なディスプレーと品揃えが魅力

センスを学びたい ショップガイド … 155

植物のサイズについて
本書では観葉植物を大きさ別に「大」「中」「小」に分けて紹介しています。大きさは、市場に出まわっている一般的なものを基準にしました。生育環境や栽培年数、個体差によってはあてはまらないケースもありますので、ご了承ください。

Indoor Green

Part 11 index

観葉植物のテイスト別さくいん … 181

- 182 雑貨感覚で飾るのにぴったり
- 182 インパクトのある形が魅力的
- 184 優美で繊細な印象を楽しむ
- 185 トロピカルな雰囲気を味わえる
- 186 インパクトのある色が魅力的
- 187 さわやかな印象を楽しむ
- 188 五十音順さくいん

Part 10 Lesson

元気に育てるために知っておきたい基礎知識 … 171

きちんと環境を整え、手入れを行おう

- 172 「その場所の日当たり」で適する植物が決まる
- 173 風通しや温度、湿度にも気をつけよう
- 174 良質な土を使ってすこやかに育てよう
- 175 肥料は種類とタイミングが命
- 176 水やりのコツは「土が乾いてからたっぷりと」
- 177 病害虫は早めの発見と対策が大切
- 178 植え替えや剪定は春〜秋の生長期がベスト
- 179 株分けや挿し木などで観葉植物を殖やす
- **column** 適切な鉢のサイズと種類を知ろう … 180

カタログページの見方

植物名
植物名は、学名または和名で表記しています。園芸品種名は「' '」でくくっています。

最低気温
管理する際の最低気温を示しました。これ以下にならないように管理してください。なお、多肉植物などでは、「最低気温」ではなく「耐寒性」の強弱を示しました。耐寒性の表記は、植物が耐えられるおおよその最低温度で分けています。「強い」=0℃以下、「やや強い」=0〜5℃、「ふつう」=5〜10℃、「弱い」=10℃以上としています。

置き場所
「日なた」は窓辺などの明るい場所、「明るい日陰」はレースのカーテン越しの窓辺など直射日光を遮ったほどほどに明るい場所、「日陰」は玄関やサニタリーなど薄暗い場所を意味します。

ピレア・カデイエレイ'ミニマ'
Pilea cadierei 'Minima'

- 科名：イラクサ科
- 原産地：ベトナム
- 最低気温：3℃
- 耐陰性：強い
- 置き場所：明るい日陰

光沢のある緑地に銀白色の斑点模様が入るので、英名はアルミニウムプランツ。よく分枝しこんもりとした株立ち状に育ちます。株が充実すると、秋に葉腋から白い粒々した花を咲かせます。
【管理】
耐陰性があるので明るい日陰で管理しますが、日照不足になると間伸びします。株は摘芯をするとよく分枝して、こんもりとした草姿にまとまります。水をやりすぎると根が腐りやすいので、土の表面が乾いたら水やりを。茎を水に挿すと発根しやすく、水耕栽培ができます。

学名
ラテン語の学名を紹介しています

解説
植物の特徴を紹介しています。

栽培法
具体的な管理の方法を紹介しています。

写真
草姿や樹形、葉の形の特徴がわかりやすい写真を掲載しています。

Part 1
住まいを快適にセンスアップ
グリーンのある毎日

グリーンを取り入れた、とびきり素敵なインテリアを集めました。
住まい手のライフスタイルを通して、グリーンと暮らす魅力を紹介します。

Living with green

グリーンのある毎日

Case 01
個性的なグリーンと同居する洗練された生活と仕事の空間

槇谷桜子さん

ブラキキトン・ルペストリス（ボトルツリー）

ティランジア・キセログラフィカ（フェイク）

ビカクシダ

アスプレニウム'レズリー'

ドラセナ（サンセベリア）

アスプレニウム'クリーシー'

デンドロビウム・アグレガタム'マジュス'

野性味あふれる着生ランのディスプレー

コルクの木を土台にした、存在感たっぷりの着生ランのハンギング。明るい半日陰を好むため、光の入る窓辺の柱にしつらえて。

花苗や観葉植物のネットショップを営む槇谷さん。自宅兼仕事場のLDKを彩るのは個性的なグリーンの数々。葉の形が変わったもの、垂れ下がるもの、枝ぶりに動きのあるものなど、大きさもフォルムも多様な植物で変化をつけ、瑞々しく演出しています。世話は毎朝の葉出しています。

Living with green

枝垂れる姿がユニークな
ハンギングでリズミカルに

くねくねとした枝葉をのばしていく、シダ植物のフペルジア。大きなハンギングで空間にメリハリをつけました。ダイナミックなフォルムはもちろん、育てやすさも魅力。

レンジフードの上は熱くなるため、フェイクのエアプランツを。植物に適さない場所にはフェイクをうまく取り入れるのもひとつの手。

整然とした配置で
テーブル上は清潔感を意識

葉物野菜のようなアスプレニウムなど、フレッシュなグリーンを等間隔で並べて。セメント調のプラスチック鉢で揃え、まとまりを出しました。

塊根植物の一種で、特徴的な太い幹の形を楽しむ塊根植物のボンバックス。「水分を蓄えてふっくらと膨らんだ幹が、なんとも愛らしく感じます」。

ボンバックス

フペルジア・スクアロサ

「好きな植物が似合う空間にしたい」と古民家を自分好みに改装した住居。植物と暮らすことを前提に、キッチンは水はけを考慮した土間スタイルに。

水に加え、週末に水やりと手入れの時間を設け、状態によって置き場所を変えるなどして管理。「よく観察し、それぞれの"お気に入りの場所"を探してあげることが元気に育てるコツです」と教えてくれました。

奥は小上がりのリビングスペース。大中小の植物をバランスよく配置し、自然な奥行き感を演出。ハンギングには照明のダクトレールを活用。

奥行きや高低差を意識して
グリーンを効果的にレイアウト

壁面を利用して
鉢をディスプレー

壁面を有効活用して植物のスペースに。エクメアなどの鉢を並べて。チープに見えがちなプラスチック鉢ですが、黒を選べばおしゃれです。

ハンギング×
アイアンのラックで
インテリア性を高めて

いろいろな種類の着生ランのハンギングを、フックやチェーンでラックに飾って。アイアンの質感が植物の瑞々しさを引き立てます。奥のロフォケレウスは、ナーセリーから親株を譲ってもらったもの。

Part 1　グリーンのある毎日

リプサリス・ピロカルパ（フロストシュガー）
コルディリネ・フルティコサ
エクメア・テスマニー ルブラ 'アダルト'
エクメア・チャンティニー 'ブラック エボニー'
フルティコサ コルディリネ・'ブラック スパイダー'

お手入れ MEMO

葉水がはかどる美容用のスプレーボトル

毎日の世話として欠かさない葉水には、水滴が細かく、均等に吹きつけられる美容用のスプレーを愛用しています。液肥を入れて使うことも。

つや出しスプレーで葉をいきいきとリフレッシュ

葉についたほこりや水あかの除去には専用のスプレーを使い、つやつやときれいな状態をキープ。ただしマット系の葉には向かないので厳禁。

高さをうまく利用してたっぷりと日を浴びさせる

エクメアなどを集めた日当たりのいいサンルーム。ワゴンやチェアで高さを出して、効率良く日が当たるよう鉢を配置。間仕切り壁の上からは、リプサリスを垂らしてやさしい雰囲気に。

インテリアになじむよう大きな鉢も見た目にひと工夫

大きな植物は鉢も重くなるので、動かしやすい軽量なプラスチック鉢を使用。色は黒を選ぶほか、鉢カバーを施すなど見た目に配慮しています。根巻き風に麻袋で鉢を包むのもおすすめ。

エクメア・チャンティニー 'ブラック エボニー'

エクメアなどのタンクブロメリアの仲間は、葉が重なった中央の筒部分に水やりをします。中に水をためておけるので、乾燥に強く手間がかからないのが特徴。

エピフィルム・アケルマニー
ドラセナ・マルギナタ 'ホワイボリー'
アガヴェ・アッテヌアタ

家具の配置や雰囲気に合わせるだけでなく、風通しや日当たりの状況を見ながらグリーンのレイアウトを考慮しています。

Living with green
グリーンのある毎日

Case 02
癒しと彩りを与えるグリーンはコーディネートの必須アイテム

原 まゆみさん

Living with green

フィカス・アルティッシマ

ホヤ
シッサス・ロンビフォリア'エレンダニカ'
ペペロミア

インテリアスタイリストとして活動する原さん。「空間の差を発揮するよう数種類の鉢をまとめて立体的に飾っています。し色になり、ほっとできるやさしさを加えられるグリーンはコーディネートに欠かせない存在」と言います。自宅はアメリカ東海岸を意識したオーセンティックな雰囲気。葉色や樹形

「グリーンの配置や鉢カバーを変えるだけで、手軽に空間のイメージを変えられるのも魅力。趣味の模様替えも一層楽しくなりました。

が個性的な植物を選び、存在感

**家具を生かす
存在感のある
グリーン&鉢カバー**
葉脈が美しいフィカスに合わせたのはモダンなシルバーの鉢カバー。北欧ヴィンテージ家具とのミックススタイルも素敵。

**垂れ下がる植物で
動きを出して
視線を集める**
ブリックタイルに映えるシッサスやホヤなどのツル性植物。高台つきの花器やマクラメ編みの鉢カバーで高低差をつけて飾っています。

自然光がたっぷり入るリビングダイニングには全方向にグリーンを配置。大きなミラーの効果を生かして、緑いっぱいの空間にしています。

フィカス・ウンベラタ

**異なる植物をまとめて並べ
空間に迫力と豊かな表情を生んで**

キャビネットの上に集めた大小約10鉢のグリーン。種類が異なるグリーンに統一感を持たせるため、鉢色は自らペイントしました。

足場板で作ったチェストの脇に置いたドラセナ。インテリア雑貨店で購入したリサイクルタイヤの卵型鉢カバーもインパクトがあります。

ドラセナ・コンパクタ

カラテア'フレディ'

ペペロミア

大小の鉢を組み合わせて飾り
ボリューム感のある演出を

お手入れMEMO

**保水性と排水性を考慮しながら
自らブレンドした土を愛用**

以前、市販の培養土を使って虫が発生した経験から、現在は赤玉土を中心に自ら配合した土を使っています。

**定番グリーン×小物で
ソファ横を愛らしくディスプレー**

フォルムが人気のドラセナ・バクラリスをはじめ定番グリーンは、ひょうたんに鳥が描かれた置物など小物と組み合わせて癒しのコーナーにしています。

ストレリチア・ニコライ

フィカス・エラスティカ

ドラセナ・バクラリス

Part 1 グリーンのある毎日

バルコニーへ続く開口部の脇には光を好むウンベラタを配置。鉢カバーをDIYした木箱に変更するアイデアも検討しています。

ディスキディア
ペペロミア
アグラオネマ

小さなグリーンでさわやかに見せるキッチンの飾り棚

調味料を見せる収納にしているスペースにグリーンをアクセントとしてプラス。モノトーンでまとめたコーナーをさわやかに彩って。

フィカス・アルティッシマ'ヴァリエガタ'
オリヅルラン

玄関収納を兼ねたオープン棚をグリーンのディスプレーに活用

スペースが限られたエントランスでは、棚を用いて縦の空間を活用し、グリーンを飾って。中段の流木には、剪定したアイビーを挿しています。

オリーブ
レモン
アーモンド

バルコニーは、土をブレンドしたり、家中の鉢を集めて水やりをしたりするための作業スペース。オリーブなど実のなる木も育てています。

Case 03
珍しい植物の個性を生かした こだわりのディスプレー

中森ちささん

こだわりのショップで見つけた珍しい植物を流木などの自然なものやアイアンなどの無機質なものと合わせ、渋い雰囲気でインテリアを楽しんでいる中森さん。植物のセレクトは観葉植物に加えて、多肉植物やエアプランツ、ランなど幅広く取り入れていますが、器をシルバーやモノトーンのものに絞ることで、統一感を持たせています。

ディスプレーのヒントは海外のインテリアサイトからも得ているそう。日々磨いている抜群のセンスで植物をコーディネートしています。

Part 1 グリーンのある毎日

台湾石化アオネカズラ
ティランジア・ウスネオイデス
アロエ・プリカティリス

窓際にハンギングを掛けて、空間を有効活用しているリビングダイニング。屋外のグリーンとのつながりが生まれています。

吊り下げて飾ることで
ユニークな草姿を引き立てて

リビングのコーナーに設けた飾りのラダーには、ランやビカクシダなどの着生植物をハンギング。シーンを立体的に演出できます。

高低差をつけて
見ごたえのあるワンシーンに

大きなガラス窓の前には、ガラスのシェルフを用いて、明るさをキープ。さまざまな器で高さを変えながら、グリーンを飾っています。

バンダ（ラン）
ビカクシダ

リプサリス
リプサリス
フィロデンドロン'フロリダ ビューティー アルバ'

スペースにぴったりの
サイズで手作りした鉢台

ごみ袋用のスタンドにステンシルを施した木箱を載せて、グリーンを飾る台を手作り。どんな場所も自分好みに仕上げて。

リプサリス

オオタニワタリ

洗練されたインテリアが
植物の枝葉の美しさを際立たせる

アガヴェ・デスメティアナ

木×アイアンをベースとしたスタイリッシュなインテリアに、個性的なグリーンがつややかに映えています。

ビカクシダ

空間を立体的に
コーディネートして

階段の側面を活用して、ビカクシダをハンギング。前方向にのびる胞子葉が、オーナメントのような存在感を放っています。

Part 1 グリーンのある毎日

Living with green

エバーフレッシュ

直線的でモダンなデザインが印象的なリビングに、エバーフレッシュなどの枝葉が、やわらかさを添えています。

フォッケア・エデュリス 火星人

ツルを枝に絡ませオーナメンタルな存在に

2本の枯れ枝にコーデックスプランツのツルを絡めて。素焼き鉢やツボ形の器を用いた、フォークロアな雰囲気のワンコーナー。

ドラセナ'キブ ウェッジ'

自由な発想で楽しむ簡単でユニークなアレンジ

ひと枝100円ほどで売られていたドラセナ'キブ ウェッジ'を無垢の板に引っ掛けて立て掛け、一枚の絵のようなディスプレーに。

リビングダイニングの前に広がるウッドデッキスペースにも、さまざまな植物が。室内からも瑞々しい眺めが楽しめます。

お手入れ MEMO

カゴに入れて持ち運びを楽に。植物のお手入れグッズ

水差し、霧吹き、ハサミが必須アイテム。プッシュして使う水差しは、水量を調節しながら狙った場所に差せるので便利です。

**枝葉を広げるグリーンで
のびやかさをプラス**

リビングで存在感を放っているブラキキトン。上部のみ枝を広げる樹形のため、生活の動線の邪魔になりません。

ブラキキトン・ディスコロル

グリーンのある毎日

Case 04
ここぞという場所に配して
心地良い空間づくりに成功

吉田祐治さん、和子さん

園芸店を営んでいる吉田さん夫妻。いつも店舗ディスプレーや庭づくりを提案しているだけあって、シンプルな住まいに効果的にグリーンを配しています。

「空間づくりの考え方はインテリア・庭づくりどちらも同じ。」と吉田さん。リビングのコーナーには大きなブラキキトンをシンボリックに配し、それを中心にして大小さまざまなグリーンをバランス良く配しています。グリーンは動きのある枝ぶりの

吹き抜け状のリビングを2階から見下ろした眺め。グリーンの配置は部屋奥と手前のみにとどめ、すっきりとインテリアをまとめています。

Part 1　グリーンのある毎日

- シノブシダ
- ヒポエステスなど

小皿に載せたシノブシダの苔玉と小さな風景を作った水耕栽培のテラリウムをダイニングテーブルに添えて、キッチンを涼しげに。

お手入れMEMO

お孫さんが来ても清潔で安心 多孔質の人工用土

植物は人工用土「セラミス・グラニュー」を用いて底穴がない鉢に植栽。カビなどの発生の心配がありません。キャスターに載せれば移動も楽。

- フィカス・ルビギノサ
- アグラオネマ'ホワイト ストーク'

- ピレア・カデイエレイ
- ポトス'エンジョイ'
- クロトン'流星'
- フィロデンドロン'シルバー メタル'

器に変化をつけて グリーンをリズミカルに配置

大きな窓の手前にはアイアンスタンドを活用し、ピレアやポトスを飾って。外側にある雨どいと囲いを目隠ししています。

絶妙なレイアウトで 空間のまとまり感を高めて

ブラキキトンに呼応するように、対角線にフィカスを配置。アグラオネマのどっしりとした鉢で安定感を出して。

ものをセレクト。あたたかみのあるウッディなインテリアに、さわやかに映えています。

スキンダプスス

ハナキリン

フィロデンドロン
'シルバー メタル'

エケベリアなど

ティランジア

アンティークな趣のチェストには、シックな
カラーの多肉植物やエアプランツを合わせ
て、シャビーにまとめています。

**フォルムの異なるもの同士を
組み合わせて絵になるシーンに**

チェストのかたわらにはハナキリ
ンを、上方からはスキンダプスス
のツルを下げて、緑に包まれるよ
うな心地良いコーナーを演出。

雑貨感覚で飾れる
小さなグリーンを取り入れ
コーナーを楽しく彩る

**大鉢は色、デザインにこだわり
目を引くポイントに仕立てて**

フィカス・ウンベラタの明るい葉色と鉢の黄
色いラインが相まって、シーンの瑞々しさが
ぐんとアップ。

絵を描いたりエクササイズをするためのホビ
ールームには、比較的コンパクトなグリーン
を選び、棚上にまとめてコーディネート。

フィカス・ウンベラタ

フィカス・ルビギノサ

アスプレニウム'アビス'

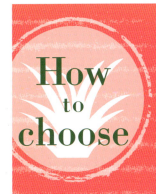

Part 2

的確なセレクトの目安を知ろう

自分に合った
グリーンの選び方

ひと口に観葉植物といっても、その種類はさまざま。
樹形や葉色といった見た目のほか、
お手入れの難易度も含めて選び方の基準を紹介します。

インドアグリーンとは、どんな植物？

インドアグリーンとは室内で観賞して楽しむ植物を指し、観葉植物とも呼ばれます。熱帯や亜熱帯地方原産で、丈夫で育てやすい植物が多いのが特徴です。インテリアに取り入れると部屋に広がりや奥行き、アクセントを生み、おしゃれな雰囲気を演出できるのが魅力。いきいきと生長する姿が、暮らしに潤いを与えてくれます。

かつてはヤシやモンステラなど南国風の植物が主流でしたが、インテリアスタイルの多様化に合わせて、植物の種類も増えてきました。近年人気が集まっているのは、多肉植物やエアプランツといった小ぶりで個性的なフォルムの植物。現在、インドアグリーンの種類は一万種を超えるほど。まずは自分の暮らしや好みにフィットするグリーンを選ぶことから始めましょう。

Part 2 自分に合ったグリーンの選び方

インテリアを自分らしく おしゃれに演出できる

お気に入りの家具を選ぶように、好みのグリーンをコーディネートすれば自身の個性を演出できます。吊るして飾るとグリーンに包み込まれるような空間に。

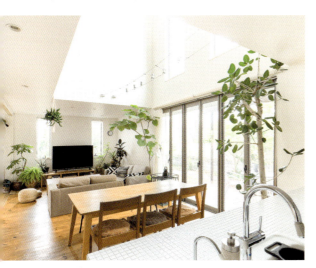

シンプルなLDKを彩る アクセントにぴったり

白を基調にしたLDKには、コーナーに大きなグリーンを配して瑞々しさをプラス。吹き抜けの高さが強調され、空間を広々と見せる効果も。

この本で紹介するインドアグリーン

観葉植物

樹高または草丈1〜1.5m以上
クテナンテ

草丈1m以下
フリーセア

樹高1.5m以上
ステノカルプス

通年葉を落とさず、葉を鑑賞できる常緑多年草または常緑樹。原産地は熱帯〜亜熱帯が多く、高温多湿を好みます。室内での栽培に耐える丈夫な品種が多数。本書では樹高別に紹介します。

多肉植物・サボテン

アストロフィツム
般若

アロエ
'フラミンゴ'

どちらも乾燥に強く、初心者でも育てやすいのが魅力。水分や養分を蓄える葉や茎のぽってりした形、独特の色、質感がユニークです。サボテンは多肉植物の一種。

エアプランツ

パイナップル科のティランジアの仲間の総称。根が発達しておらず葉から水分を吸収するため、土に植えなくても栽培可能です。日なたを好む銀葉種、日陰向きの緑葉種があります。

どこに置きたいか考えよう

観葉植物を室内で元気に育てるためには、部屋の日当たりや風通しなどの環境を把握しておくことが大切です。植物によって自生地の気候などが異なり、それぞれ好む環境が違ってくるためです。飾る場所の環境に合う植物を選べば、世話の手間が省け、植物もよりいきいきと育つでしょう。

またリビングなどの広い場所以外に、洗面室やトイレ、玄関などの狭い場所、テーブル上、棚上など、置きたい場所の広さも植物を選ぶ際の重要なポイントに。スペースと植物のサイズとのバランスを吟味して選ぶようにしましょう。

同じ部屋のなかでも環境は異なります

ひと部屋のなかでも、窓の近くと窓から離れた場所では、日当たりや風通しなど条件が異なります。

窓から離れた日陰

窓から離れている奥まった場所、もしくは窓のない場所は植物選びを慎重に。耐陰性のある品種を選び、ときどき場所を移動して日に当ててあげましょう。ただし、いきなり直射日光の強いところに出すと、葉焼けを起こすほか弱るので注意して。

日当たりの良い窓辺

日照と風通しが良い窓辺は、多くの植物の生育にとってより良い環境といえます。夏場は日当たりが強すぎることがあるので注意。カーテンやブラインドで日照をコントロールするのもおすすめです。

Part 2 自分に合ったグリーンの選び方

環境に合った植物を選ぶ

Point

やや暗い場所

耐陰性が強い植物をセレクトして。
たまに日を当てて葉の変色を予防しましょう。

窓から離れている

向いている植物
アグラオネマ、アスプレニウム、ストロマンテ、テーブルヤシ、フペルジア、ペペロミア、リュウビンタイなど

ほとんど日が当たらない暗い場所

フェイクグリーンやドライの植物を活用するか、ふだんは明るい場所で管理し、来客時などに一時的に飾るのがおすすめ。

窓がなく、光が入らない玄関まわり

向いている植物
なし

日当たりの良い場所

日なたを好む植物を選びましょう。
夏は葉焼けに注意すること。

窓の多い明るい部屋

カーテンやブラインドを閉めても明るい窓辺

向いている植物
アガヴェ、クルシア、コルディリネ、ザミア、ドラセナ、パキラ、フィカスなど

狭い場所

作業スペースを兼ねる場所には、草姿が乱れにくく、コンパクトにまとまる品種がおすすめ。

棚上など高さのあるところには、上向きに生長する、または枝垂れる植物がよいでしょう。

カウンター上、テーブル上など

向いている植物
エスキナンサス、シンゴニウム、ディスキディア、テーブルヤシ、ピレア、ペペロミアなど

飾り棚や本棚の上

向いている植物
アグラオネマ、アジアンタム、ティランジア、ペペロミア、ポトスなど

広い場所

部屋のコーナーなどスペースにゆとりがある場合は、樹高があり、ダイナミックな枝ぶりの品種が適しています。

LDKの一角など

向いている植物
アレカヤシ、エバーフレッシュ、ステノカルプス、ドラセナ、パキラ、フィカスなど

自分好みの形や色を見つけよう

"葉を観賞する"観葉植物は品種ごとに葉の形、色が異なり、その一枚一枚が芸術作品のような美しさです。

大きく丸い葉、切れ込みが入る葉、細くしなやかな線のような葉などバラエティ豊か。葉色も濃緑、明るい黄緑、魅惑的な赤葉、個性あふれる斑入り葉など多種多様です。

観葉植物だけを組み合わせても十分に華やかなコーナーをつくることができます。同じ種類でも枝の仕立て方の違いで、がらりと異なる印象に。

自分の好みやインテリアの雰囲気に合わせてお気に入りの株を見つけるのも楽しみのひとつといえます。

③ リプサリス　② カラテア・オルビフォリア　① エバーフレッシュ

Point　葉の形に注目

① 多数の細葉が繊細な印象を与えるエバーフレッシュ。軽やかで涼しげな趣があります。
② 広い楕円形で縁がフリル状になるカラテア・オルビフォリア。シルバーの模様も相まって、ひと鉢でも存在感を醸し出します。
③ 小さな鉢に植えられたリプサリスは線のような葉が特徴的。フィカス・ビネンダイキーは照りのある濃緑葉が美しい品種です。

Part 2 自分に合ったグリーンの選び方

② アグラオネマ'レディ バレンタイン'

Point 葉の色にこだわる

1. 濃緑葉のフィカス・トリアングラリス。葉が小ぶりなので、狭い場所に飾っても圧迫感がありません。
2. ピンクの斑が入る、ニュアンスのある葉色が美しいアグラオネマ。空間がぱっと華やぎます。
3. 明るい黄緑の葉が目を引くポトス'ライム'。小さいながら空間のポイントづくりに活躍します。
4. 白斑が入ったポトス'エンジョイ'はやさしい印象を与えます。

③ ポトス'ライム'

④ ポトス'エンジョイ'

① フィカス・トリアングラリス

Point 個性的な樹形も魅力

1. 上向きの放射状に茎をのばすストレリチア。細長い鉢と合わせるとスタイリッシュに飾れます。
2. 枝ぶりがやわらかいフィカス・ウンベラタは、曲がり仕立てでも多く出まわっています。らせんを描くように仕立てた株は、生命力あふれるユニークな姿が魅力。
3. 長く茎をのばすパルテノシッサスは、高い位置に飾って枝垂れるように仕立てれば空間に動きを出せます。

③ パルテノシッサス'シュガーバイン'

② フィカス・ウンベラタ

① ストレリチア・ニコライ

ライフスタイルに合う植物を選ぼう

インテリアグリーンは日々生長する"生き物"であることを忘れてはいけません。元気な状態を保つためには、適切な手入れや管理が必要になります。

そのためには自身のライフスタイルや性格に合った植物選びが重要に。人間同士に相性があるように植物と人間にも相性があるのです。

外出することが多かったり、ものぐさだったりする方は水やりや植え替えの頻度が少なくてすむ、乾燥に強く、生長の遅い品種を選びましょう。

自分自身が植物と向き合える時間、かけられる手間ひまと相談して植物を選ぶことをおすすめします。

Point 栽培初心者におすすめのインドアグリーン

乾燥に強いもの

アロエ / ドラセナ（サンセベリア） / ユッカ・エレファンティペス

生長が遅いもの

テーブルヤシ / トックリラン / アガヴェ

Large
樹高 **1.5m以上**

Part 3
確かな存在感で室内をおしゃれに

インテリアの主役になる大きなグリーン

樹高1.5m以上と、しっかりとした存在感があるグリーンを生かした
インテリアの好例を紹介。品種カタログも必見です。

家を新築する際に、植物を置くことを想定して設計をオーダーした小熊さん。勾配天井の開放感あふれる東南の窓際には常時30鉢以上の植物が並び、まさにグリーンのためのステージのようです。

幹や葉の形が個性的で生命力の強い植物をチョイスし、ご夫妻がともに好きだというヴィンテージ家具や雑貨に合わせて、古いものの味わい深さが際立つようにコーディネートを楽しんでいます。

キッチン側から見たLDK。窓際はインドアグリーンのためのスペースで、天井部まである大きな開口部から一日中日が差し込みます。

専用スペースにまとめて飾ったグリーンが存在感を発揮

小熊一茂さん

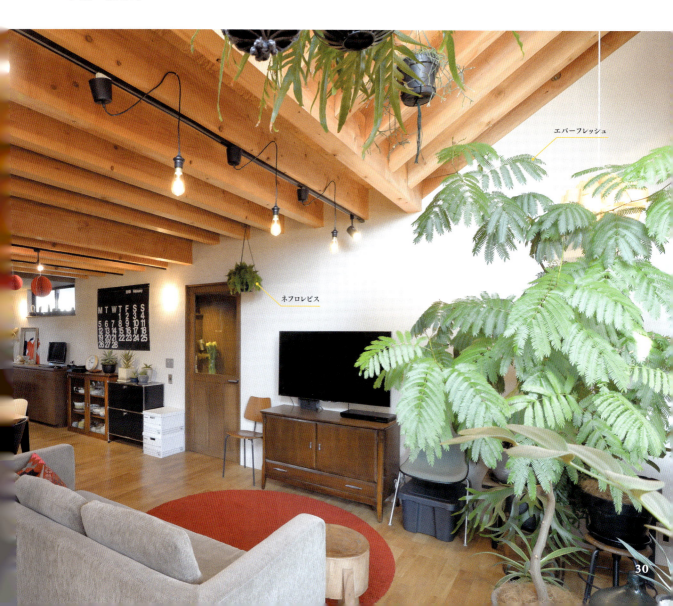

エバーフレッシュ

ネフロレピス

Part 3 インテリアの主役になる大きなグリーン

Large 樹高1.5m以上

リプサリス / アグラオモルファ / フィカス・アルティッシマ / ザミア / アガヴェ・デスメティアナ / アガヴェ・デスメティアナ

グリーンを引き立てる
アートや雑貨を大胆にディスプレー

約30鉢のグリーンに車輪や斗瓶(とびん)など、古い雑貨がアクセントに。大きなポスターはグリーンを邪魔しない色づかいの作品を選びました。

ヒカゲヘゴ / リュウビンタイ

アガヴェ・アッテヌアタ / パキポディウム・ラメリー / アガヴェ・ゲミニフロラ

高低差を出しながら大小の鉢を
ランダムに飾って変化をつける

右／根や幹の形が個性的なグリーンや多肉植物は、ベンチを使って高低差を意識して飾るのがバランス良く見せるコツ。生長度合いを見ながら小まめに入れ替えを行っています。　左／根元に敷き詰めた白いパミスは、土の乾燥防止とともに緑の葉や幹を美しく見せる効果もあります。

窓際だけ勾配天井のため、ハンギングをしても圧迫感を感じさせません。梁には、ハンギング用フックを数多く設置しています。

**ヴィンテージ家具の味わいを
グリーンが引き立てて**

ヴィンテージ家具でシックにまとめたLDK。存在感のある大きなフィカスをポイントに入れ、明るさと瑞々しさを演出しています。

LDKは間仕切りのない開放的な空間。グリーンの鉢植えのほか、切り花もディスプレーして彩りをプラスしています。

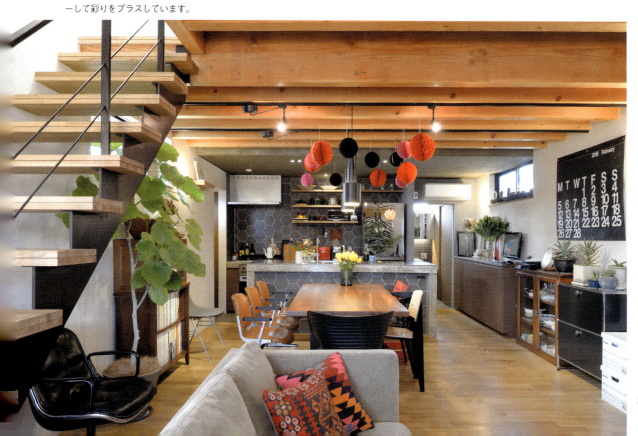

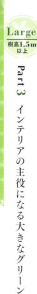

Part 3 インテリアの主役になる大きなグリーン

Large 樹高1.5m以上

アガヴェ雷神
アロエ'フラミンゴ'

インテリアになじむように植木鉢をリメイク

左／腰高のキャビネットの上には、フォルムが美しい多肉植物をオブジェ感覚で置いています。下／鉢は家具や部屋の雰囲気に合う角型や足のついたデザインをセレクト。実家にあった盆栽用の和鉢も黒や青に色を塗り替えるなど、手を加えて再利用しているものも。

ドラセナ・パテンス
ハオルシア十二の巻
ハオルシア十の爪

ユッカ・ロストラタ

玄関正面の和箪笥の上には大きな鉢をひとつだけ置き、床の間のようなしつらえに。イサム・ノグチの照明との相性も抜群です。

Check!

水を好む植物は、ココヤシファイバーでマルチングすることで乾燥から守る効果が。根元に盛ると見映えも良くなり、土ぼこりもたちにくくなります。室内での水やりが日課なので鉢皿も必須アイテム。

雨風に強く、手間の少ない植物を中心に選んだ玄関脇の植栽コーナー。迫力のある樹形が、来客の目を楽しませます。

子どものころから観葉植物が大好きだったというTさん。「緑の濃淡のグラデーションやさまざまなフォルムがあるのが大きな魅力」だと言います。家を建てる時点から大きな観葉植物を置くことを考え、リビ

エスキナンサス

**緑に包まれる
心癒される時間**
見上げると植物が枝葉をのばす、温室のような空間。緑に包まれた開放的な空間で、愛犬も気持ち良さそう。

フィカス・ベンガレンシス

大きいグリーンを用いて
木陰で過ごせるような空間に

Tさん

大きな窓をあければ、ダイニングとウッドデッキがみごとにつながり空間が一体化。庭の植物も、より身近に楽しめます。

お手入れMEMO

**大きなグリーンは
なるべく移動を少なく楽に**

大きなグリーンは移動が大変。掃き出し窓の近くならひと続きになったウッドデッキに出しやすく、株全体に水をかけるのも容易に。

Large 樹高1.5m以上

Part 3 インテリアの主役になる大きなグリーン

家電のハードな印象を植物でやわらげて
テレビの両脇も瑞々しくディスプレー。高さのあるグリーンや鉢台となるチェアを用いて立体的にしつらえました。

エバーフレッシュ

アガヴェ・デスメティアナ

リビングダイニングには吹き抜けと高窓を設置。ダイニングテーブルとソファーの脇に2本の大鉢を置き、ハンギングを吊るすなどを、心地の良いくつろぎの場を作っています。今では70種類以上のグリーンが、オフホワイトの壁をキャンバスに、いきいきとした彩りを添えています。

フィカス・ウンベラタ

上へ上へと生長するグリーンに包まれて
のびのびと枝葉を広げる2種類のフィカス。木陰でくつろぐような感覚で過ごすことができるのは大きなグリーンならでは。

ビカクシダ

シェフレラ・ピュックレリ

ネフロレピス

吊る株の大きさを変えて
窓辺をリズミカルに

窓上にバーをしつらえ、グリーンをハンギング。隣り合う植物の葉の大きさや形に変化をつけるとリズムが生まれます。

対照的なフォルムを並べ
見映えをアップ

動きのある枝ぶりのシェフレラの足元に、ふわりと茂らせるネフロレピスを置いた一角。対照的なフォルムでバランスが抜群。

プレランドラ・エレガンティッシマ

アンスリウム

ドラセナ（サンセベリア）

部屋の壁に沿ってウッドボックスを並べた、多肉植物コーナー。日が良く当たるので、どの種類もすくすく育っています。

Large
樹高1.5m
以上

フィカス・ベンジャミナ 'バロック'
エバーフレッシュ
アスパラガス・デンシフルロス 'スプレンゲリー'

アエオニウム・アルボレウム
ビカクシダ

立体感を持たせて見ごたえを出して

部屋のコーナーには、枝葉を広げるグリーンをセレクト。背後に大きな鏡を配し、さらに瑞々しさをアップ。

同じ素材の鉢で統一して美しくまとめて

ごちゃつきがちな小さい鉢も、テラコッタ鉢で揃えてすっきりとした印象に。ナチュラルな鉢の質感は木箱ともマッチ。

ミクロソルム
シェフレラ・ピュックレリ
フィカス・エラスティカ
クワズイモ

リプサリス

見上げてもグリーンが楽しめるように工夫

吹き抜けのリビングダイニングを見下ろせる2階にも、たくさんのグリーンを飾って。日当たり抜群なので、ここは養生スペースとして活用しています。

キッチン前にフィカスを置き、ダイニングとやんわりと仕切って。鍋を掛けるバーにリプサリスの鉢を掛けて、明るさをプラスしています。

シンプルな空間で存在感を放つのびやかなグリーンたち

斉藤美由紀さん

旺盛に育つフィカスがリビングの主役
天井の高いリビングの窓辺で、3mほどの背丈になったフィカス。夏はより日当たりの良いバルコニーに移動。剪定した枝も挿し木にして栽培中(写真右奥)。

7年前に新築した自宅は木材の質感を生かしたシンプルなインテリア。左手の造作棚はディスプレーコーナー。余白を残した配置にグリーンが映えます。

人気の園芸店「the Farm UNIVERSAL osaka」(大阪府茨木市)で働く斉藤さん。植物の観察が大好きで、自宅のインテリアにもグリーンは欠かせません。すっきりとしたリビングでは、大きなフィカスや頭をもたげるようにのびたアガヴェが、ユニークな存在感を放っています。夏場はフィカスを外に出すなど、

Large 樹高1.5m以上

Part 3　インテリアの主役になる大きなグリーン

エバーフレッシュ

吹き抜けを生かして背丈のある植物をのびのびと育てる

階段ホールには植物の手入れがしやすいようステンレス天板のカウンターを設置しました。自由に枝を広げるエバーフレッシュが、開放感を高めています。

Check!

室内はどうしても外と比べて鉢が蒸れやすく、根腐れが心配。土に挿すだけで湿り具合がわかる「みずやりチェッカー」（P.164参照）を使って、適切なタイミングで水やりするように気をつけています。

パンダガジュマル
アエオニウム・アルボレウム
ヤエマツリカ

トックリラン

右／ふくれた幹が特徴的なトックリラン。木のブロックを重ねて高さを出し、幹に視線が行くように工夫。左／日当たりの良いキッチンの窓辺を、植物のコーナーに。高低差を意識したレイアウトでそれぞれを引き立てました。

リプサリス・ラムロサ
ディスキディア

オプンチア 白桃扇（バニーカクタス）

植物は日当たりや気候に合わせて配置換え。開放的な環境を生かし、のびのびと育つ様子を楽しんでいます。

右／耳のように子株が生えるオプンチア 白桃扇。横にのびたユニークな姿形が、不格好で愛らしくてお気に入り。
左／ディスキディアの鉢は照明のダクトレールとS字フックを利用してハンギング。

Large

樹高1.5m以上の植物カタログ

印象的な空間を作るここぞという場所にシンボリックな存在感を放つ、大きめのグリーンを飾りましょう。
ひと鉢あるだけで部屋の雰囲気をぐっと高めてくれます。

ステノカルプス
Stenocarpus sinuatus

科名：ヤマモガシ科
原産地：オーストラリア東部
最低気温：5℃
耐陰性：ふつう
置き場所：日なた〜明るい日陰

原産地では樹高が30mにもなる常緑高木。革質で光沢のあるあざやかな緑の葉の長さは20〜30cm。新葉はやや褐赤色がかります。
【管理】
日当たりの良い場所を好みます。比較的耐陰性があるので半日陰でも元気に育ちますが、日照不足が長期間続くと葉が落ちる原因となります。水やりは土の表面が乾いたらたっぷりと与えて。

ジャボチカバ
Myrciaria cauliflora

科名：フトモモ科
原産地：ブラジル
最低気温：0℃
耐陰性：ふつう
置き場所：日なた〜明るい日陰

生長は遅めですが、原産地では樹高10mほどになる常緑高木。4.5〜7.5cmの葉をつけます。春にシベの長い白花を幹に直接咲かせ、そのあとブドウに似た味の径2〜3cmの実をたくさんつけます。栄養価が高いですが日もちがしないので、保存する場合は冷凍すると良いでしょう。鉢植えでもよく結実し、春から秋に数回実をつけますが、夏は開花・結実を休む傾向があります。

【管理】
日当たりの良い場所を好みます。日照不足になると実つきが悪くなります。比較的寒さに強いので、関東以西の温暖地では戸外で越冬できます。霜が降りる地域では鉢植えにして、冬場は室内に取り込んで防寒を。多湿を好み乾燥が苦手なので、表土が乾いたらたっぷりと水を与えます。開花期や結実期に水切れを起こすと花や実が落下することがあるので注意。

アマゾンオリーブ
Syzygium cumini

科名：フトモモ科
原産地：インド、東南アジア
最低気温：5℃
耐陰性：強い
置き場所：日なた〜明るい日陰

名前にオリーブとつきますが、レンブの仲間でオリーブとはまったく別の植物。白い幹肌とあざやかな緑の葉とのコントラストが美しく、葉が茂りすぎない涼しげな印象です。

【管理】
日当たりの良い場所を好みますが耐陰性もあるので、明るい室内なら元気に育ちます。乾燥に弱いので水を多めに与え、ときどき葉水をするといいでしょう。樹勢が強く根も張りやすいので、年に1度、春から秋に鉢替えや鉢増しをします。

雲南シュロチク
Rhapis multifida

科名：ヤシ科
原産地：中国南部
樹高：2～3m
最低気温：0℃
耐陰性：強い
置き場所：日なた～明るい日陰

株立ちになり、東洋的な雰囲気を感じさせるシュロチクの仲間で、より葉がきゃしゃなタイプ。風にそよぐ姿が美しく、涼しげな印象。
【管理】
日当たりの良い場所を好みますが、夏の直射日光は避けるようにします。比較的耐陰性があるので多少暗くてもしばらくは大丈夫ですが、長期間暗いと生長不良になるので気をつけて。水不足になると葉先が枯れ始めるので、土の表面が乾いたらしっかりと水やりを。下葉を落とした枝や込み合った部分は、株元からカットしましょう。

エバーフレッシュ
Cojoba arborea

科名：マメ科
原産地：中南米
最低気温：10℃
耐陰性：強い
置き場所：日なた～明るい日陰

【特徴】
長楕円形の小さい葉が二回羽状複葉となり、涼しげな印象。夜になると葉が閉じる習性があります。春～秋にポンポンとしたクリーム色の花を咲かせ、その後真っ黒い種子の入った真っ赤な鞘を下げます。
【管理】
基本的に明るい場所を好みます。日陰でもある程度は育ちますが、日照不足が続くと落葉したり枯れてしまうので注意して。

ヒロハケンチャヤシ
Howea forsteriana

科名：ヤシ科
原産地：オーストラリア東岸
最低気温：3℃
耐陰性：やや強い
置き場所：日なた～明るい日陰

すらりと伸ばしたヤシの葉がトロピカルな雰囲気を漂わせる観葉植物。ケンチャヤシの名で多く出まわっています。
【管理】
置き場所は、明るい半日陰になる場所がベスト。やや耐陰性がありますが、長期間暗い環境で育てると、葉色があせて元気がなくなります。夏の直射日光は避けるようにしましょう。比較的耐寒性はあるので、関東以西の温暖地であれば屋外で越冬が可能ですが、屋内に取り込んだ方が安心です。

ストレリチア・ニコライ
Strelitzia nicolai

科名：ゴクラクチョウカ科
原産地：南アフリカ
最低気温：0℃
耐陰性：ふつう
置き場所：日なた～明るい日陰

誤称である「オーガスタ」と呼ばれることが多いストレリチア。原産地では樹高10mほどになる生長が早い植物。バナナのような大きな葉はトロピカルな雰囲気がたっぷり。横に葉を広げるので狭い場所には向きません。大きな葉は蒸散作用が大きく加湿効果が高いので、乾燥する部屋におすすめです。

【管理】
日当たりの良い場所を好みますが、夏の直射日光は避けます。半日陰でも育ちますが長期間日照不足になると葉が徒長して色も悪くなるので注意して。中心から新しい葉を伸ばし、外側にいくほど古い葉になるので、葉が茂りすぎたり汚くなったら、生長期に外葉から、葉柄ごとカットして。

パキラ
Pachira glabra

科名：アオイ科
原産地：熱帯アメリカ
最低気温：5℃
耐陰性：強い
置き場所：日なた～明るい日陰

原産地では樹高20mほどになる常緑高木。細長い葉柄の先に光沢のある5枚の葉を放射状につけます。「発財樹」という別名があり、金運をもたらす幸運の木と言われ、英名ではMoney tree、Money plant。幹はトックリのようにでっぷりとするものや三つ編み状に仕立てた鉢などが出まわっています。

【管理】
日当たりの良い場所を好みます。日当たりが悪いと枝が間伸びしたり落葉したりします。また乾燥にはある程度耐えられますが、水切れを起こすと落葉するので注意して。

フィカスの仲間
Ficus

科名：クワ科
原産地：世界の熱帯〜温帯地域まで広く分布
最低気温：0〜10℃
耐陰性：やや強い
置き場所：日なた〜明るい日陰

「ゴムの木」とも呼ばれるフィカス属（イチジク属）の仲間は、熱帯〜温帯地域に約850種が分布しており、葉が厚めで丈夫なものが多く、育てやすい植物です。
【管理】
日照不足になると葉が落ちるので、明るい場所で管理。大きな葉にホコリがたまりやすく、乾燥するとハダニがつくので、葉水をしたり濡れ布巾で拭いたりして手入れします。水は土の表面が乾いたらたっぷり与えて。大きくなりすぎた場合は、初夏〜夏の間に剪定をしましょう。

フィカス・アルティッシマ 'ヴァリエガタ'
F. altissima 'Variegata'

原産地：熱帯アジア
最低気温：5℃

つややかな楕円形の大きな葉には、ほんのりと黄緑色の斑が入っており、生長するにつれ斑は薄くなります。

フィカス・ビネンダイキー 'ヴァリエガタ'
（ショウナンゴムノキ・斑入り）
F. binnendijkii 'Variegata'

原産地：熱帯アジア
最低気温：8℃

斑入りの革質の葉は細長く、枝垂れる枝が涼しげな印象。

Large

Part 3 樹高1.5m以上の植物カタログ

フィカス・リラタ
（カシワバゴムノキ）
F. lyrata

原産地：アフリカ西部
最低気温：5℃

カシワの葉に似た、波打つ大きな葉が特徴的。

フィカス・ウンベラタ
F. umbellata

原産地：熱帯アフリカの低地
最低気温：10℃

ハート形の葉はやや薄めで明るいグリーン。枝を大きく横に広げます。

フィカス・エラスティカ 'デコラ トリカラー'
F. elastica 'Decora Tricolor'

原産地：熱帯アジア
最低気温：0℃

厚い楕円形の葉は長さ約30cmで、光沢があり、葉の縁からクリーム色の掃込み斑が入ります。非常に強健です。

'エステカ ルビー'
葉が全体的に赤みがかり、シックな印象です。

Ficus

フィカス・ベンジャミナ
（ベンジャミン）
F. benjamina

原産地：熱帯アジア、インド、オーストラリア
最低気温：5〜8℃

枝が細めで枝垂れる樹形。下葉を落とし、スタンダード仕立てにされたものが多く見られます。乾燥や寒さで葉が落ちるので、霧を吹くなどして加湿しましょう。

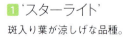

1 'スターライト'
斑入り葉が涼しげな品種。

2 'バロック'
葉が外側にカールする品種。

3 'シタシオン（斑入り）'
斑入り葉で、'バロック'よりカールが弱め。

46

Part 3 樹高1.5m以上の植物カタログ Large

フィカスの仲間

フィカス・ベンガレンシス
F. benghalensis

原産地：南アジア
最低気温：8℃

楕円形の葉と生長につれて白くなる幹を持つベンガレンシス。分枝が多く小さい葉をつける品種もあります。

フィカス・トリアングラリス
F.triangularis

原産地：熱帯アフリカ
最低気温：2〜8℃

丸みを帯びた逆三角形の葉がユニークで、枝は細く葉の大きさは5〜6cmと小ぶり。生長は遅めです。

フィカス・ルビギノサ
（フランスゴムノキ）
F. rubiginosa

原産地：オーストラリア東部
最低気温：5℃

丸みを帯びた小ぶりの葉が人気で、インテリアでよく用いられます。主幹を曲げた「曲がり」に仕立てられた株が多く出まわっています。

フィカスの仲間 Ficus

ガジュマル
F. microcarpa

最低気温：5℃

古くから精霊が宿る木として知られ、葉は肉厚で光沢があり、むっちりとした幹がユニーク。細い気根を出します。

パンダガジュマル
F. microcarpa'Panda'

最低気温：5℃

肉厚で光沢のある濃緑色の葉は、幅広で丸く小さいタイプ。

センカクガジュマル
F.microcarpa'Senkaku'

原産地：日本（尖閣諸島）
最低気温：5℃

ほふく性のガジュマルなので、やや倒れがかる。ガジュマルよりも葉が小さめ。

Part 3 樹高1.5m以上の植物カタログ　Large

ココロバ・ウヴィフェラ
（シーグレープ）
Coccoloba uvifera

科名：タデ科
原産地：フロリダ南部〜
　　　　西インド諸島
最低気温：5℃
耐陰性：やや強い
置き場所：日なた〜明るい日陰

別名ハマベブドウ。名前は海辺に自生し、ブドウのように実を房状につけることから。丈夫で育てやすくよく分枝する常緑低木で、原産地ではまれに6m以上に生長します。湾曲ぎみになる幹から出た短い葉柄につく丸い葉は光沢があり、葉脈が赤みがかります。
【管理】
明るい場所を好みますが、枝が大きくなりすぎた場合は剪定をして。切った枝は挿し木にすると良いでしょう。

ゲッキツ
（シルクジャスミン）
Murraya paniculata

科名：ミカン科
原産地：インド、ミャンマー、
　　　　マレーシア、中国南部、
　　　　フィリピン、台湾、
　　　　琉球諸島
最低気温：0〜5℃
耐陰性：ややある
置き場所：日なた

別名オレンジジャスミン。原産地では高さ約3mになる常緑低木です。葉が革質で光沢があり、萌芽力が強く刈り込みに耐えるので、熱帯〜亜熱帯地域では生垣などの庭園樹として利用されます。夏に強い芳香がある白い花を咲かせ、その後は赤い実を結実。
【管理】
強い日差しを好み、通年日が当たる場所が理想的。室内では窓際などの明るい場所で育てます。ある程度耐陰性がありますが、長期間日当たりが悪いと生育が劣ります。花を楽しみたい場合は日なたで管理すること。乾燥は苦手なので水やりに注意し、枝が伸びて樹形が乱れてきたら、初夏〜夏の間に剪定をします。

ドラセナの仲間
Dracaena

科名：キジカクシ科
原産地：アジア・アメリカ・アフリカの熱帯地域
最低気温：5〜10℃
耐陰性：やや強い
置き場所：日なた〜明るい日陰

約120種類が分布しており、枝変わりしやすいため、葉幅や葉色のバリエーションが豊富。丈夫で育てやすいので、商業施設などに良く用いられています。また、サンセベリアと呼ばれている多肉植物（P120）も、ドラセナの仲間とされるようになりました。

【管理】
生長期はなるべく日なたを好みます。生育が旺盛でどんどん上に伸びるので、大きくなりすぎた時は春〜初夏に切り戻すように剪定を。やや乾燥ぎみを好むので、水は土の表面が乾いたらたっぷりと与えます。

ドラセナ・コンキンナ
D. concinna

原産地：モーリシャス
最低気温：5℃

シャープな細葉をすらりと伸びる幹の先につけます。葉色は、緑、赤、白斑など。

ドラセナ 'ジャネット クレイグ コンパクタ'
D. 'Janet Craig Compacta'

原産地：園芸品種
最低気温：5℃

生長が遅く、光沢のある濃グリーンの葉をぎっしりとつけ、コンパクトに育ちます。

Part3 樹高1.5m以上の植物カタログ Large

ドラセナ・カンボジアナ
▶ D. cambodiana

原産地：東南アジア
最低気温：5℃

しっかりとした太い幹から、細長い緑の葉を噴水のように広げます。

パラオドラセナ
▶ D.loureiri

原産地：パラオ〜フィリピン
最低気温：5℃

すっと立ち上がった幹の先に、濃緑の細葉を放射状に広げるシャープな樹姿。

Dracaena

ドラセナ・レフレクサ 'ソング オブ インディア'
▽ D. reflexa 'Song of India'

原産地：園芸品種
最低気温：10℃

緑地の葉の外側に明るい黄緑斑が入る品種。

ドラセナ・レフレクサ 'ソング オブ ジャマイカ'
▽ D. reflexa 'Song of Jamaica'

原産地：園芸品種
最低気温：10℃

葉の中央あたりに黄緑の縦縞斑が数本入る品種。

Large | Part 3 樹高1.5m以上の植物カタログ

ドラセナの仲間

ドラセナ・アングスティフォリア
▽ D. angustifolia

原産地：東南アジア
最低気温：10℃

和名はホソバセンネンボク。光沢のある細い葉が、空間にさわやかさをもたらします。

ドラセナ・フラグランス（デレメンシス グループ）'レモン ライム'
△ D.fragrans（Deremensis Group）'Lemon Lime'

原産地：熱帯アフリカ
樹高：0.5〜1.5m
最低気温：5℃

あざやかな黄緑の覆輪葉が美しい、'ワーネッキー'から生まれた品種。比較的コンパクトなものが出まわっています。

ドラセナ・フラグランス'マッサンゲアナ'
▽ D. fragrans 'Massangeana'

原産地：園芸品種
最低気温：8℃

「幸福の木」の名前で多く流通するポピュラーな品種。葉は緑地に黄の中斑が縦縞模様に入ります。

ユッカ・エレファンティペス
Yucca elephantipes

科名：キジカクシ科
原産地：メキシコ〜グアテマラ
最低気温：−3℃
耐陰性：ふつう
置き場所：日なた

葉は肉厚で葉先がシャープで、「青年の木」という名で知られているユッカ。学名は太く生長した幹の基部がゾウの足に似ていることから。暑さ寒さに強く、耐陰性があり強健。原産地では樹高5〜6mに育ちます。

【管理】
日当たりの良い場所で管理します。湿潤を好みますが、乾燥にもよく適応します。凍結や霜に弱いので、寒冷地では室内に取り入れましょう。

'エルミラ'
白〜淡緑の中斑が入る品種。

プレランドラ・エレガンティッシマ
（アラレア）
Plerandra elegantissima

科名：ウコギ科
原産地：ニューカレドニア
最低気温：3℃
耐陰性：強い
置き場所：日なた〜明るい日陰

原産地では10mほどまで生長する常緑高木。葉は濃緑色で光沢がある掌状葉で、細長くギザギザとしています。独特な葉を大きく広げ、存在感があります。

【管理】
日当たりを好みます。耐陰性は比較的強いですが、日に当たるほど葉の色ツヤが良くなり、しっかりとした株に育つので、なるべく明るい場所で育てます。株が大きく生長してくると、葉の幅が広くなってくるので、株を一度全体の3分の1程度まで切り戻すと、細葉が芽吹いてきます。切り戻しの時期は春の芽吹きの頃から初夏の間に行って。切り戻した枝は挿し木に使えます。

コルディリネ・フルティコサ
Cordyline fruticosa

科名：キジカクシ科
原産地：中国南部～オーストラリア北部の広い地域
最低気温：2～8℃
耐陰性：ふつう
置き場所：日なた～明るい日陰

和名は「千年木」。すらりと立つ幹の先に放射状につける葉は形や色彩のバラエティーに富み、多くの園芸品種が存在します。ハワイではティーリーフ（Ti Leaf）と呼ばれる人気の植物。耐暑性・耐寒性が比較的強く、丈夫な植物です。

【管理】
日当たりの良い場所を好みますが、急な夏の直射日光は避けます。寒さにやや弱く霜に当たると枯死するので、冬場は室内に入れるなどの防寒が必要。大きくなり樹形が乱れたり、下葉が枯れてきたりした場合にはカットします。生育が旺盛なので、毎年初夏～夏の間に植え替えをすると良いでしょう。

クロトン
Codiaeum variegatum

科名：トウダイグサ科
原産地：西太平洋諸島、ボルネオ、東ジャワ（諸説あり）
最低気温：10℃
耐陰性：やや強い
置き場所：日なた

赤や黄、緑のあざやかな葉色と葉形のバリエーションが豊富な常緑低木で、トロピカルな雰囲気たっぷり。葉の形は大きく分けて、広葉系、螺旋葉系、鉾葉系、長葉系、細葉系があります。熱帯地域では庭木としても利用されています。夏に小さな花を咲かせますが、地味で目立ちません。

【管理】
日当たりの良い場所に置きます。光線が弱いと葉色が悪くなり、日当たりが良いほど濃くあざやかになります。気温と日照が保てれば丈夫に育ちますが、2～3年に1回植え替えると良いでしょう。

'サンゴ'
シックな赤紫色の葉色は気温が下がることで美しく発色する。

'ウリズン'
葉幅は2～3cm、葉の長さは15～30cmの細葉系品種。黄と赤が混ざり合った葉色が美しい。

シェフレラの仲間
Schefflera

科名：ウコギ科
原産地：熱帯～温帯のアジア～オセアニア
最低気温：0～10℃
耐陰性：強い
置き場所：日なた～明るい日陰

掌状につく光沢のある美しい葉が特徴のシェフレラは、世界の温帯地域～熱帯地域に約550種あると言われ、観葉植物が人気になり始めた当初から出まわっている「ホンコンカポック」が最も有名。丈夫で育てやすいものが多くあります。

【管理】
日当たりの良い場所を好みます。耐陰性があり環境に対する順応性が高いので、ある程度長期間日当たりが悪くても大丈夫ですが、極端な日照不足になると弱るので気をつけます。一部の種類は耐寒性も強く、雪や霜に当たらなければ通年外で育てられるものもあります。大きく育ちすぎたりバランスが悪くなったら初夏から夏の生長期に剪定を。すぐに芽が出てきます。水やりは土の表面が乾いたら与えますが、基本的に水を好みます。植えかえは2年に1回、春～初秋の間に行うようにします。

シェフレラ 'グランディー'
S. 'Grandii'

最低気温：5℃

うっすらと波打つ葉は、ほかのシェフレラよりやや幅が広め。

シェフレラ 'ハッピー イエロー'
S. arboricola 'Happy Yellow'

最低気温：5℃

コンパクトで、葉にあざやかな黄斑が入ります。

Part 3 樹高1.5m以上の植物カタログ

シェフレラ・アルボリコラ 'コンパクタ キング'
S. arboricola 'Compacta King'

最低気温：5℃

枝分かれが多く、葉は小さめでとがり繊細な印象。枝葉は横に広がりぎみに生長します。より小型で葉が丸くなる'コンパクタ クイーン'もあります。

シェフレラ・アングスティフォリア
S. angustifolia

最低気温：5℃

光沢のある葉は、細長くさわやかな印象。

シェフレラ・アクティノフィラ
（ブラッサイア）
S. actinophylla

原産地：オーストラリア、ニューギニア、ジャワ
最低気温：10℃

葉が大きく長さ20～30cmになります。旧属名の「ブラッサイア」で呼ばれることも。

ブラキキトン・ルペストリス
（ボトルツリー）
Brachychiton rupestris

科名：アオイ科
原産地：オーストラリア
　　　　（クイーンズランド州）
最低気温：5〜10℃
耐陰性：強い
置き場所：明るい日陰

生長が早く、原産地では樹高10〜20mになる落葉高木。名前は幹の下部がボトル形に肥大することからで、水分を蓄えています。暑さと乾燥には強いですが、寒さと過湿には弱い特性が。初夏にベル形の黄色い花を咲かせ、そのあと毛深い実がつきます。

【管理】
過湿にすると根腐れを起こすので、水やりに注意します。土の表面がしっかり白く乾いたら水を与えます。屋外に出している場合は、秋に室内に取り込みましょう。

ブラキキトン・ディスコロル
葉が掌状に深く切れ込むタイプ。

ポリスキアス・フルティコサ
Polyscias fruticosa

科名：ウコギ科
原産地：ポリネシア〜インド
最低気温：5℃
耐陰性：強い
置き場所：日なた〜明るい日陰

【特徴】
和名「台湾モミジ」。台湾では「富貴樹」と呼ばれ、縁起の良い植物として人気です。切れ込みが入るモミジのような軽やかな葉には、芳香があります。

【管理】
日なたを好みますが、夏の直射日光は苦手。耐陰性があり、半日陰になる場所で育てられますが、明るい方が生育がよくなります。生長してバランスが悪くなったら剪定をします。生育旺盛で刈り込みにも耐えるので短く切っても大丈夫。込み合ったところの枝を間引く要領で行いましょう。適期は初夏。剪定した枝は挿し木に使えます。乾燥を嫌い、多湿気味を好むので、特に生長期は水やりを忘れずに。冬の間はほかの植物同様、控えめにして。

Part 4

さわやかコーディネートに欠かせない

アクセントになる中くらいのグリーン

インテリアのほどほどなアクセントとして重宝する、
樹高または草丈1〜1.5mまでのグリーンを取り入れた
インテリアを紹介。品種カタログも参考になります。

ビカクシダ・ビフルカツム
クセロキシオス グリーンドラム
ビカクシダ・ビフルカツム
ドラセナ・ドラコ
アガヴェ・マクロアカンサ

枝葉の造形のおもしろさを たくさんのハンギングで楽しむ

Fさん

店舗内装の仕事をしている経験を生かし、自邸を設計したFさん。当初は特にグリーンを意識して家づくりをしたわけではなかったそうですが、何げなく置いたひと鉢からその魅力に引き込まれ、以来どんどん増やしていったといいます。

植物を選ぶポイントは「形の

アイアン素材だから マグネットで吊るせる

照明の周囲にアイアンが使われており、強力なマグネットフックでハンギングが可能。「意図していませんでしたが、ちょうど良かったです」とFさん。

クセロキシオス グリーンドラム

Medium
樹高または草丈
1～1.5m

Part 4 アクセントになる中くらいのグリーン

- ビカクシダ・ウイリンキー
- エバーフレッシュ
- アガヴェ・アッテヌアタ

- リプサリス・カスッサ

段差を生かした変化のある ディスプレーコーナー

上／階段の段差や奥行きを生かして、大小たくさんのグリーンやオーナメントをバランス良くディスプレー。踏み板の裏や手すりにマグネットフックがつくので、移動や入れ替えも簡単です。　右／日陰でも育つリプサリスは、部屋の奥側を飾るのに重宝しているそう。

- ビカクシダ・ヒリー
- ペペロミア'ホープ'
- ディスキディア

- ディスキディア
- フィカス・アルティッシマ
- クラッスラ ゴーラムなど

壁面の余白には オーナメントを飾って

ビカクシダはハンギングだけでなく、壁掛けのオーナメント仕立てもおしゃれ。水ゴケの土台ごと、週1回たっぷりの水に浸してやります。

ポイントとなる箇所に やや大ぶりの鉢物を

壁際のフィカス・アルティッシマは枝ぶりのおもしろさがお気に入り。インテリアに合わせて、鉢も天然木×アイアン素材で揃えています。

天井から無数に下がるハンギングが印象的。ひとつひとつは小ぶりながら、高さを出して立体的に飾ることで迫力あるインテリアに。

おもしろさ」。葉や枝ぶりのユニークなものを、ハンギングや壁掛けで立体的に飾っていることが特徴です。生い茂るような緑がインテリアに鮮烈な個性を与え、ますます自分らしい愛着のわく住まいとなりました。

日頃から、住まいに置くものは色味を揃えて厳選。たくさんのグリーンも鉢のデザインを統一しているのでごちゃつきません。植物好き、インテリア好きから注目を集めるインスタグラム（@plusoneline）も必見。

グリーンを照明のように吊るし
空中空間を瑞々しく彩って

板張りのキッチン天井には、フックを打ってハンギング。下から持ち上げてはずしやすいよう、吊り紐の部分を針金で自作しました。

いつでも緑が目に入る
窓に面したキッチン

内にも外にも緑がいっぱいのキッチン。Fさん好みの珍しい植物は、「the Farm UNIVERSAL osaka」（大阪府茨木市）や「Ricca」（岡山県総社市）で購入することが多いそう。

Medium
樹高または草丈
1~1.5m

- オリーブ
- アカシア・デネアイ
- ユッカ・エレファンティペス
- ローズマリー
- ユーカリ・ポポラス
- ユッカ・アロイフォリア

左／植物を集めるようになってから、もともとあったデッキをさらにDIYで拡張し、室内で育てにくいものを楽しんでいます。　下／花台も自分で作り、そこには塊根植物のコレクションがズラリ。それぞれの姿形に似合う鉢を、陶芸作家の「NEOSHIHO」さんにオーダーしています。

- ユーカリ・ポポラス（ドライ）
- リプサリス・ラムロサ
- リプサリス・カスッサ
- アスプレニウム・ツンベルギー

玄関正面に大きな窓があり、デッキの緑が見えます。光の届きにくい玄関内は、流木や庭のユーカリなどドライのものを中心に。

壁に飾っているのは、ドライ植物の標本風アートボード。グリーンとはひと味違った形のおもしろさが味わえ、とても気に入っているそう。

Check!

葉水を与えるときは、レバーを握ったときも離したときもたっぷりと水の出る、グロリア社の業務用噴霧器を愛用。田んぼに囲まれた土地で湿気があるので、水やりの頻度は控えめに。充分な風通しが元気を保つポイントだといい、常時3台の扇風機をまわしています。

しなやかな枝ぶりの品種選びで上品なインテリアになじませて

宅間美津子さん

ルーフバルコニーでガーデニングを楽しむかたわら、室内にもグリーンを取り入れている宅間さん。フレンチモロッコテイストにモダンをミックスしたインテリアに、しなやかな枝ぶりのグリーンが上品な瑞々しさを添えています。バルコニーへ続く階段を生かし、高低差をつけてグリーンを配して目を引くよう演出。光量不足や冬の乾燥に悩まされるなど試行錯誤を繰り返し、丈夫なリプサリスや多肉植物、エアプランツなど自宅の環境に合う植物がわかるように。家の中も外も植物に癒される空間をつくり出しています。

フィカス・ベンガレンシス

小ぶりな鉢に仕立てて動線上にも彩りをプラス
コンパクトな仕立てで階段上でもスマートにおさまります。ストーン調の鉢カバーが洗練された趣。

階段の手すり部分のわずかなスペースをグリーンのディスプレーに活用。枝垂れるグリーンで存在感と動きを出して。

両側にバルコニーがあり、日当たり、風通しの良いリビングダイニング。ツル性や枝ぶりがしなやかなグリーンを合わせて女性らしくまとめています。

リプサリス

フベルジア（ヒカゲノカズラ）

Part 4 アクセントになる中くらいのグリーン

奔放に枝を広げるグリーンで空間の広がりを感じさせて

しなやかな枝を四方に広げるシェフレラ、ミクロソルムは樹高が低くてもボリュームが出せます。シェフレラの鉢カバーはアンティークのブリキのバスケット。

シェフレラ・アルボリコラ'コンパクタ キング'

ミクロソルム・ディベルシフォリウム（カンガルーファーン）

フィカス・メラニー ドワーフ
ザミオクルカス
ティランジア・イオナンタ
ドミリオプシス・マクラタ

肉厚な葉をつける植物で存在感のある
オブジェ感覚の寄せ植えをしつらえて

造形的なフォルムが魅力的なフィカス・メラニー ドワーフやザミオクルカスは縦にのびるので圧迫感がありません。お手製のスワッグをシンメトリーに飾り、フォーマルな印象に。

ベルギーやフランスのアンティーク家具をミックスした、洗練された趣のインテリアにグリーンがセンス良く配されています。

パーティションを背景に、ラダーやトランクで高低差をつけてグリーンを飾り、コーナーを素敵に演出しています。

カランコエ類
ポトス'エンジョイ'
ミクロソルム・ディベルシフォリウム（カンガルーファーン）

上／カランコエ 不死鳥錦にエケベリアを接ぎ木したものを切花感覚で飾っています。いずれは鉢植えにしてバルコニーで育てる予定。
下／1段下がったフロアにあるキッチン。作業中も潤いのある眺めになるようグリーンを飾っています。

ティランジア・ウスネオイデス
リプサリス・ケレウスクラ
リプサリス・カスッサ
ティランジア・テクトルム

Medium
樹高または草丈
1〜1.5m

フィカス・ストリクタ

リプサリス

ビカクシダ
リプサリス
モヨウガラクサ
(エラトステマ・レペンス)

ディスキディア

セダムなど

ハオルシア

日照を好む植物は窓辺やベランダで楽しむ

右／寄せ植えづくりが得意な宅間さん。ベランダでは、日照、通風が必要な多肉植物を色合わせが美しい寄せ植えにして飾っています。 左／フィカスは4年ほどで現在の大きさに。鉢カバーは「草花屋苔丸」(神奈川県鎌倉市)で購入。

Check!

葉の大きな植物は、ぬらしたキッチンペーパーで葉に水分を与えながら、ほこりを取ります。葉が潤い、きれいになるので一石二鳥。株を近くで観察することで状態の変化に早く気がつけるのも利点。

ディスキディア・オイアンタ'ヴァリエガタ'

広々としたホテルライクな洗面スペース。エアプランツやハンギングのディスキディアをプラスして彩りをプラス。

(上から時計まわりに)
セネシオ ドルフィンネックレス
クラッスラ 若緑
セダム 虹の玉
セダム 新玉つづり
セネシオ 七宝樹
クラッスラ ゴーラム

日が入らない洗面室は多肉の寄せ植えで瑞々しく

外光を採り入れられない場所には、比較的耐陰性のある多肉植物の寄せ植えを飾って。水はけが良くなる、高さのある鉢を使っています。

壁をセルフペイントするなど、部屋づくりはDIYを駆使。のびてカットした植物の枝は、小ビンに生けてテーブルの彩りにしています。

雑貨とグリーンをバランス良く取り交ぜて、マンションのLDKを居心地良いカフェ風にしつらえた西原さん。植物は育てやすさを重視して選び、日当たりのいいダイニングを中心に配置しています。なかでもお気に入りは、青い腰壁に映える個性的な樹形のシェフレラ。スツールで高さを出して存在感を高めながら、コンパクトなシンボルツリーとして楽しんでいます。

スツールで高さを出してシンボル的に引き立てる

西原芽久美さん

Part 4 アクセントになる中くらいのグリーン

Medium 樹高または草丈 1〜1.5m

クレマチス'ピクシー'

エバーフレッシュ

フィカス・ルビギノサ

シェフレラ・アルボリコラ

ヘデラ

小家具を鉢台代わりに インテリアになじませて

「the Farm UNIVERSAL osaka」（大阪府茨木市）で見つけた小ぶりなエバーフレッシュは、子ども用椅子を鉢台にして明るい窓辺に配置。光を浴びてぐんぐん生長中。

壁際を利用し 省スペースで ディスプレー

植物や雑貨はごちゃつかないよう壁際にまとめてすっきりとした印象に。シェフレラは背の低い曲線的な樹形を選び、圧迫感を抑えました。

ヘデラ

光が入りにくいリビング側にはドライフラワーを中心に飾っています。古道具を取り入れたインテリアや日々の暮らしをインスタグラムで公開中（@paramegu）。

ウォールラックからツルを垂らして動きのあるディスプレーに。かわいらしい5枚葉が、古道具のポットやボビンなどの雑貨とマッチ。

パルテノシッサス'シュガーバイン'

ドラセナ

Check!

友人からもらった赤葉のドラセナの枝を、涼しげなカラフェに挿して水耕栽培しています。「1カ月に1度水換えしながら1年ほどこの状態で育てていますが元気です。根もずいぶんのびてきました」。

69

Green カフェで見つけた アイデア

居心地の良い部屋づくりのお手本にしたい、
インドアグリーンを活用した
空間演出が素敵なカフェをご紹介します。

レピスミウム・ホレティアヌム

cafe **COFFEE STAND moi**

ユニークな植物に囲まれて
こだわりのコーヒーを味わう

フィカス・ウンベラタ

ホヤ・ロンギフォリア

エスキナンサス'ラスタ'

大きくあけ放った入口から光が差し込む、開放的な店内。天井と床をモルタルで仕上げた内装に、植物が瑞々しさを添えています。

cafe COFFEE STAND moi

シェフレラ・ピュックレリ
プレランドラ・エレガンティッシマ
ボンバックス

**曲がりのある樹形が
コーナーにジャストフィット**

大きく曲がった盆栽のような枝ぶりがみごとなシェフレラ。横にのびた枝がほど良く余白をカバーし、部屋の隅に置くのにぴったりの樹形です。

タカワラビ
'ゴールデンチャウチャウ'

**オブジェのような
存在感のある品種を並べて**

テーブルの上はタカワラビや多肉植物といった、独特な趣がある植物をオブジェのようにディスプレー。色違いの鉢が遊び心を感じさせます。

ホヤ・レツサ

**ホヤ・レツサのハンギングで
壁面をリズミカルに**

スポットライト用のレールを利用して鉢を吊り下げ、壁際に変化をつけて。茎が細いのでのびても圧迫感が少なく、落ち着いたカフェ空間にぴったり。

ストレリチア・ニコライ

店内には大きなテーブルが用意され、ゆったりとイートインも可能。店舗のデザインは一級建築士である妻の真理さんが手がけました。

COFFEE STAND moi
DATA
奈良県天理市川原城町276-2
☎0743-62-3677
営11：00〜20：00（金・土〜23：00）
休火曜
https://www.instagram.com/moi.imodesign/

奈良県・天理駅の駅前通りに昨年オープンしたばかりの「COFFEE STAND moi」。店主の菴澤克行さんがハンドドリップでいれる、多様な産地や味わいのスペシャルティコーヒーと、県内の人気ベーカリーから仕入れたパンや焼き菓子を提供しています。植物のコーディネートを手がけるのは、P.6に登場した槙谷さんが営む「BOTANICAL GREEN」。

モダンな空間に似合う個性的なグリーンを揃え、壁際には葉が枝垂れるハンギングや横に枝葉をのばす鉢を配置し、広い壁面が無機質に見えないよう巧みに演出。街歩きや犬の散歩をする人、近所で働く人など、地元の方が気軽に立ち寄れる憩いの場所を、グリーンで瑞々しく盛り立てています。

内装を手がけたのは、家具職人、インテリアデザイナーでもある「テールベルト」のオーナー。まとめて飾ったり、吊るしたりして、どの席からでも目を引くように、グリーンをレイアウトしています。

bakery café terre verte & khanompang

個性豊かな樹形のグリーンが癒しのエッセンスとなる空間

カフェで見つけた **Green** アイデア

ペペロミア'フォレット'

サボテン 白檀　サボテン 将軍（綴化）

葉山で開業したベーカリー「カノムパン」が鎌倉のカフェ「テールベルト」と合併し、2015年に現在の店舗をオープン。オーガニック素材にこだわった、ビーガンの方も楽しめるハード系パンが人気のカフェです。一軒家を活用した店舗は、友人宅のようなリラックスできる空間。窓外の自然豊かな景観と呼応するように、店内にはグリーンが多数ディスプレーされています。「食事を楽しみながら、グリーンに癒されてくつろいでもらいたい。気に入った植物は鉢ごと購入いただけます」と語るのは植物のコーディネートと販売を担当する「Reef　Leaf」の谷本さん。ヘルシーなパンとおいしいコーヒーをいただきながら、お気に入りの植物を探すことができます。

フォルムがユニークな植物は雑貨と並べても絵になる

英国を中心にオーナーが買いつけたヴィンテージのテーブルウエアに、オブジェ感覚で小さなグリーンを添えて。ギャラリーのようなコーナーが完成。

bakery café terre verte & khanompang

パンダヌス
サボテン 竜神木（綴化）
カラテア 'ビューティースター'

個性の強いもの同士を合わせて インパクトのあるコーナーに

パンダヌスに負けない、クセのある植物を合わせて。セメント製のシンプルな鉢に植えて、草姿を引き立てました。

ジグザグサボテン

四方に広がる自由な姿が 空間を広々と感じさせる

「上方に飾るグリーンは、動きのある枝ぶりのものを選ぶと空間に広がりが出ます」と谷本さん。奔放な姿はハンギングしても素敵。

アグラオネマ 'レディ バレンタイン'
ヘデラ

インテリアに合わせた 鉢選びが印象の 決め手に

落ち着いた店内になじむシックな焼き物の鉢カバーにカラーリーフが映えます。「合わせる器で印象ががらりと変わります」と谷本さん。

ネオゲレリア・バウキフロラ
リプサリス・ハティオラ
フィカス・リラタ

ネオゲレリアのように横に広がって生長する品種は動きを出すのに最適。余白のある空間に吊るしてユニークな姿を際立たせて。

ハンガーラックや棚を使い、高低差をつけてグリーンをディスプレー。店内の植物や雑貨はほぼ購入できます。

ティランジア 'ビクトリア'
ビカクシダ

terre verte & khanompang DATA

神奈川県鎌倉市扇ヶ谷 3-3-24
☎0467-67-1339
営12：00〜18：30
休水・木曜
http://www.khanompang.com/

樹高または草丈1〜1.5mの植物カタログ

Medium

部屋はそれほど広くないけれど、空間にグリーンでアクセントをつけたい——そんな時は、1m前後でまとまるグリーンがおすすめです。

ストロマンテ・サンギネア 'トリコロル'
Stromanthe sanguinea 'Tricolor'

科名　：クズウコン科
原産地：園芸品種
最低気温：5℃
耐陰性：強い
置き場所：明るい日陰

最も一般的な種類で、別名トリオスター。葉は革質で光沢があり、表は緑に白やピンクの斑が入り、裏は赤紫になるコントラスト美しい品種。生長するとあざやかな赤い花（苞）が楽しめます。

【管理】
年間を通して明るい日陰を好みます。光が強いと葉が丸まり、日照不足になると徒長します。湿度のある環境を好み、乾燥させすぎると葉色が悪くなるので、ときどき霧吹きなどで葉水を与えて。株が大きくなったら、初夏に植え替えをしましょう。

クテナンテ
Ctenanthe

科名　：クズウコン科
原産地：ブラジル、コスタリカ
最低気温：10〜12℃
耐陰性：強い
置き場所：明るい日陰

株元から直立した細長い長楕円形の葉は、長さ15〜50cm。矢羽根模様やマーブル模様が入る個性的な葉が多く見られます。

【管理】
耐陰性が強く、日陰ぎみで湿度が高い環境を好みます。空気が乾燥すると葉が内側に丸まってしまうので、こまめに霧吹きで葉水を与えます。生育が旺盛なので、株姿のバランスが悪くなってきたら切り戻しを。種類によって高芽（上部の茎節から出す芽）をたくさん出すので、適宜切り取って乱れるのを防ぎます。切り取った芽は挿し木に利用が可。2年に一度、夏に植え替えをして。

マランティフォリア 'ゴールデン モザイク'
「ハッピードリーム」の名で流通。緑色の地に黄色の掃け込み斑が入るタイプ。

Part 4 樹高または草丈1〜1.5mの植物カタログ

クルシア（斑入り）
Clusia

科名：オトギリソウ科
原産地：熱帯〜温帯アメリカ
最低気温：10℃
耐陰性：やや強い
置き場所：日なた〜明るい日陰

ゴムノキに似ていますが、やや小ぶりで光沢のある肉厚の斑入り葉をつける常緑低木。
【管理】
日当たりの良い場所を好みます。耐陰性や耐乾性があるので基本的にはあまり手間はかかりませんが、寒さにはやや弱いので、秋以降は室内で管理を。根が鉢いっぱいに生長してきたら、生長期に植え替えをしましょう。

テーブルヤシ
Chamaedorea elegans

科名：ヤシ科
原産地：メキシコ、グァテマラ
最低気温：5℃
耐陰性：強い
置き場所：明るい日陰

インテリアに取り入れやすいサイズで、名前はテーブルに置けるほど小さいことから。葉は一般的なヤシより繊細でさわやかな印象です。暗い密林に生えるため、直射日光に弱く日陰でもよく育ちます。あざやかな黄色の花を咲かせ黒色の実をつけます。雌雄異株。
【管理】
耐陰性があり、直射日光の当たらない明るい日陰になる場所で育てます。高温多湿な環境を好むので、こまめに霧吹きで葉水を与えましょう。下葉が茶色く枯れてきたら葉のつけ根から切り取ります。比較的生育が旺盛なので、根詰まりしないように、夏に鉢替えをして。

ヒメテーブルヤシ
C.metallica

先が二股に分かれる矢羽根状の葉は15〜20cmほどになり、グレーがかったメタリックな魅力的葉色。オレンジ色の花を咲かせ、その後に黒い実をつけます。

フィロデンドロンの仲間
Philodendron

科名：サトイモ科
原産地：熱帯アメリカ
最低気温：0〜10℃
耐陰性：強い
置き場所：明るい日陰

熱帯アメリカに700種が分布されているとされ、種類が豊富で株姿も多様。ツル性のものは原産地では気根と呼ばれる根を伸ばしながら、まわりの樹木に活着して上へ広がっていきます。直立性のものは太い幹のような茎を伸ばし、大きな葉を立ち上がるように広げるので、大鉢で育てます。ツル性のものはハンギングかヘゴ仕立てに、直立性のものは普通の鉢で栽培します。

【管理】
一年を通して直射日光の当たらない、明るい場所で育てます。耐陰性があるので日陰でも育てることは可能ですが、日照不足になると徒長するので気をつけます。耐寒性は比較的弱いものが多いので、生長期に外で管理している場合は秋に室内に取り入れます。水やりは土の表面が乾いたらたっぷり行い、霧吹きなどで葉水を与えて湿度を上げるようにしましょう。

セロウム
P. bipinnatifidum

直立性。別名ヒトデカズラ。大ぶりで光沢のある葉に、深い切れ込みが入ります。耐寒性あり。

フィロデンドロン・ギガンテウム
P. giganteum

直立性。葉はハート形で光沢があり、株が最も大きくなる種類。

フィロデンドロン・ビリエティアエ
P. billietiae

直立性。大きな矢じり形の葉と、すらりと伸びるオレンジの葉柄が個性的。

Part 4 樹高または草丈1〜1.5mの植物カタログ

トックリラン
Beaucarnea recurvata

科名：キジカクシ科
原産地：メキシコ
最低気温：−3℃
耐陰性：強い
置き場所：日なた〜明るい日陰

トックリのような形のユニークな株元と、幹のトップから細長い葉を下げる姿が特徴的な樹木。原産地では樹高10mほどになりますが、生長が遅いので室内でも楽しめます。
【管理】
乾燥と寒さに強く、耐陰性もあるので育てやすいのが特長。年間を通して日当たりの良い場所に置き、直射日光に当てても大丈夫。ふくらんだ株元に水をためて乾燥に耐えるので、乾燥気味に管理して。大きく育ったら生長期に幹をカットすると、そこから芽吹いてきます。鉢替えは2年に1回を目安に行って。

フィロデンドロン'ロジョ コンゴ'
P. 'Rojo Congo'

ツル性。葉表は濃緑で裏は褐色がかり、赤い茎も印象的な品種。

フィロデンドロン'サン レッド'
P. 'Sun Red'

ツル性。赤みかがる葉が美しい品種。やや低温期の方が、赤みの発色が良くなります。

フレボディウム・アウレウム
Phlebodium aureum

科名：ウラボシ科
原産地：フロリダ、メキシコ、西インド諸島
最低気温：5℃
耐陰性：強い
置き場所：明るい日陰

和名ダイオウウラボシ。羽状に裂ける青みがかった銀緑色の葉が美しい、樹上に着生するシダ植物。葉柄は細く直立し、そよそよと涼感たっぷり。根元からのぞける根茎は、褐色の鱗片に覆われており、野趣を感じさせます。

【管理】
直射日光を避け、半日陰や明るい日陰で管理を。多湿を好むので水はたっぷりと与え、霧吹きで葉水を与えます。

ビカクシダ
Platycerium

科名：ウラボシ科
原産地：南アメリカ、アフリカ〜マダガスカル、東南アジア〜オーストラリア
最低気温：2〜10℃
耐陰性：強い
置き場所：日なた〜明るい日陰

別名はコウモリラン。4つのエリアに自生しています。一般の園芸店で見かけるものは、オーストラリア原産のビフルカツム。いずれも、雨季と乾季が分かれた自生地の極端な環境に適応するために特殊な「貯水葉」「胞子葉」が発達。本体を包むような貯水葉は、その内側に水をためるためのもので、最初は緑ですが次第に茶色に変化します。胞子葉とはトナカイの角に似た胞子をつける葉のことで、種類によって形が異なります。

【管理】
日当たりの良い所で強くしっかりした株に育てます。ただし、夏の直射日光は避けるようにして。冬は霜が当たらないところで防寒を。水やりは本体が活着している水苔や土が乾いたら与え、常に湿っていることのないように気をつけます。ときどき、霧吹きで全ての葉に葉水をかける良いでしょう。肥料は緩効性のものを貯水葉内部に与えます。茶色に変色した貯水葉は取り外さないように。子株が出て大きく育ちすぎた場合は株分けし、子株を新しい水苔を置いた板の上に置いてワイヤーでくくりつけます。風通しの良い壁や木などに吊るして育てましょう。

Small

草丈 1m以下

Part 5

コンパクトだから使い勝手は抜群

省スペースで楽しめる小さなグリーン

広い家でなくてもグリーンは楽しめます。
ここでは草丈が1m以下のグリーンを紹介。
限られた空間をグリーンで彩る実例のほか、
品種カタログもあります。

窓辺の鉢台にグリーンを集めて ボリューム感アップ

神頃智子さん

赤葉など南国の趣がある植物が好きで、沖縄に旅行がてら買ってくることも多いという神頃さん。黒を効かせたメンズライクな空間に、個性的でシャープな姿形の植物が彩りを添えています。

日差しが入りづらいため、植物の鉢は明るい掃き出し窓の前に集中して配置。お手製の鉢台で高さを出し、効率良くすっきりと並べました。ほかのスペースはフェイクやドライプランツを取り入れながら、インテリアグリーンを楽しんでいます。

限られた日差しを最大限に生かすグリーンのコーナー

DIYの鉢台とラックを使って、日の入りやすい窓辺を植物のコーナーに。小さな鉢はまとめて並べることで、瑞々しい雰囲気が引き立ちます。

ドラセナ・コンパクタ
フィカス

日照時間の限られる東向きのリビング。家具はソファを除いてすべてご夫妻の手作り。DIYライフや双子の子育てを発信するインスタグラムが人気(@tomooo.25)。

Small 草丈1m以下

Part 5 省スペースで楽しめる小さなグリーン

チャメドレア（フェイク）
ドラセナ・ドラコ

ブレクナム'シルバー レディー'

フェイクやドライを活用し植物のある空間を演出

上／日の入りづらいダイニング側は多肉植物などのフェイクグリーンを織り交ぜて。印象的なシンボルツリーも、格安で手に入れたという人工観葉植物。 下／キッチンカウンターにはドライフラワーや「the Farm UNIVERSAL osaka」（大阪府茨木市）で手に入れた半日陰でも育つシダ植物を飾っている。

Check!

部屋が暗いので植物はなるべく窓の近くの日が当たる場所に配置し、背の低い植物は日照を確保しやすい棚上などで管理。適さない場所には無理に植物を置かず、フェイクグリーンを飾ることにしています。

ビカクシダ

インテリアに映える着生ランのタブロー

樹木に着生して育つビカクシダをスギ板に固定し、タブロー仕立てにしました。独特の葉の形が空間のアクセントに。リビングのウォールシェルフに立て掛けて。

ドラセナ・マルギナタ
ガジュマル

コルディリネ

あき缶を鉢にしてジャンクな雰囲気に

赤い茎がトロピカルな風情たっぷりなコルディリネ。あき缶の鉢がヴィンテージ調のインテリアとマッチ。表面はバークチップですっきりとカバーしました。

多様な鉢やカバーで見た目に変化をつけて

右のモダンな陶製の鉢はココヤシファイバーでマルチングし、自然な雰囲気に。左は不織布製のバッグ型植木鉢を鉢カバーに利用。

古道具を鉢台に見立ててアジアンな趣に

植物はフォルムの異なるものを選び、変化に富む印象に。小ぶりな鉢植えでも鉢台に載せたり、吊るしたりして印象的に見せています。

フィロデンドロン'シルバー メタル'

ユッカ・ロストラタ

小ぶりなグリーンが季節のしつらいのポイントに

安達智美さん

ポトス'ライム'

ご両親から譲り受けた和箪笥のほか、英国アンティーク家具などをミックス。キリムなどのファブリックがエスニックな趣をプラスするスパイスに。

10年前に鎌倉に越した安達さん。同じマンションの友人に誘われて「草花屋 苔丸」(神奈川県鎌倉市)を訪ね、植物のある暮らしにひかれるようになりました。古道具と巧みに組み合わせたグリーンはアジアンテイストな住まいのアクセントに。初心者かつ日当たりが良くない環境のため丈夫な植物を選んでいます。「グリーンがないと息が詰まりそう」と語るほど、ディスプレーにも暮らしにもグリーンが欠かせない存在になりました。

Small
草丈1m以下

窓辺で植物×雑貨の季節のしつらいを楽しむ

左／ダイニングの窓辺ではお気に入りの雑貨×植物で季節のコーディネートを楽しんでいます。光にきらめくガラス小物も多く取り入れて。 下／剪定した多肉植物を生けた様子は、まるで花のような愛らしさ。

エケベリア

スキンダプスス・ピクタス

小さな鉢も鉢台を使うことで存在を主張させて

英国製チェストの上は、小さなお地蔵様を飾り、お香を焚く癒しのコーナー。五徳にスキンダプススを載せて、味わい深い趣に。

エケベリア・ピーコッキー

エケベリア・アフィニス

規則性のあるレイアウトでフォーマルな印象に

おもてなし好きの安達さん。揃いの鉢に植えた多肉植物を等間隔に並べるだけで、きちんと感のあるセッティングが完成します。

ポトス

Check!

水を与える際は、根の生育に良い活力剤「メネデール」を混ぜています。ジョウロの代わりにインテリアになじむブリキのジャグを愛用。葉についたホコリが気になるときは、水やりがてらシャワーを浴びせることも。

レンジフードを使って枝垂れるグリーンをディスプレー

レンジフード上には、キッチン雑貨とともにポトスを飾りました。小さなグリーンでも高い場所に飾ることで存在感が高まります。

Small 草丈1m以下の植物カタログ

コンパクトにまとまりやすいタイプは、シェルフやテーブルの上で楽しめます。よりコンパクトに楽しむには、株分けなどで大きさをコントロールして。

アスプレニウムの仲間
Asplenium

科名：チャセンシダ科
原産地：世界の熱帯〜温帯
　　　（観葉植物として使われている種類）
最低気温：5℃
耐陰性：強い
置き場所：明るい日陰

【管理】
耐陰性が強く、木もれ日が差すような明るい日陰を好みます。冬の直射日光なら当たっても問題ありません。多湿な環境を好むため、こまめに霧吹きなどで葉水を与えて加湿します。特に株の中心部にたっぷりと与えて。もともと着生植物なので、鉢内が過湿で酸素不足にならないように気をつけましょう。

世界に約700種類ある岩などに着生するシダの仲間です。分布範囲が広いため、形態のバリエーションは豊富ですが、もっともよく出まわっているのは'アビス'という品種。いずれも野生味にあふれています。

シマオオタニワタリ'アビス'
A. nidus 'Avis'

明るい葉色が美しく、株はコンパクトにまとまります。

オオタニワタリ
A. antiquum

光沢がある葉は広葉でやわらかい印象。シマオオタニワタリとは胞子のつき方が異なります。

アスプレニウム'レズリー'
A.'Leslie'

コンパクトなタイプで、獅子葉がユニーク。

シマオオタニワタリ'プリカツム'
A.nidus'Plicatum'

肉厚で光沢がある葉は強く波打ち、立ち上がります。

リュウビンタイ
Angiopteris lygodiifolia

科名：リュウビンタイ科
原産地：日本南部、台湾
最低気温：5℃
耐陰性：強い
置き場所：明るい日陰

長い葉柄に羽状につく瑞々しい常緑の葉や渦状にまいた新芽、ゴツゴツした株元など、原始的な雰囲気を漂わせる大型のシダ類。塗り鉢などに植えれば和の雰囲気も楽しめます。
【管理】
高温多湿を好み、耐陰性があるので、直射日光が当たらない明るい半日陰で管理します。乾燥が苦手なので冷暖房の風を避け、ときどき霧吹きで葉や根塊に水分を与えると良いでしょう。ただし、土がいつも湿っているのは苦手なので、水はけの良い土に植えて、鉢皿に水をためないようにします。

ネフロレピスの仲間
Nephrolepis

科名：ツルキジノオ科
原産地：世界の熱帯〜温帯
最低気温：−5〜5℃
耐陰性：強い
置き場所：明るい日陰

ネフロレピスはタマシダ属のことで、地上や樹上に生育し、世界の熱帯〜温帯地域に19種があります。いずれも茎に多数の葉をつけ、群生するように広がって生長します。

【管理】
耐陰性が強いので、通年直射日光の当たらない明るい半日陰で管理します。特に夏場は蒸れを防ぐため風通しの良い場所を選んで。水を好む観葉植物なので、乾燥しないように土の表面が乾いたら水を与えます。生育が比較的旺盛なので、年1回を目安に初夏〜初秋に鉢替えを。その際株分けを併せて行っても良いでしょう。傷んだ葉は茎の根元から切り取ります。

タマシダ
N.cordifolia

日本に自生する最も一般的な種類。ほふくする枝に塊茎をつけます。

ツデータマシダ
N. exaltata 'Teddy Junior'

最も一般的に出まわっている品種で、日本に自生しているタマシダよりやわらかい印象です。

Small

Part 5 草丈1m以下の植物カタログ

アジアンタム
Adiantum raddianum

科名：イノモトソウ科
原産地：熱帯アメリカ
最低気温：3℃
耐陰性：強い
置き場所：明るい日陰〜日陰

黒い葉柄につく明るい緑の葉は、ふんわりとやわらかく繊細。風にそよぐ姿が涼しげな印象です。
【管理】
一年を通して直射日光には当てないようにします。多湿を好み乾燥すると葉がすぐに傷んでしまうので、こまめに霧吹きをして加湿をします。乾燥してチリチリになってしまったり、全体のバランスが崩れたら、一度根元からバッサリと切り戻しするのがおすすめです。

ネフロレピス 'ダッフィー'
N.cordifolia 'Duffii'

ひとつひとつの葉が丸く、清涼感があります。

ネフロレピス 'エミーナ ドラゴン テール'
N.'Emina Dragon Tail'

かための茎に縮れた葉がつき、弧を描くさまがまるで龍の尾のよう。コンパクトな品種。

ミクロソルム・ディベルシフォリウム
（カンガルーファーン）
▶ Microsorum diversifolium

科名：ウラボシ科
原産地：オーストラリア
最低気温：0℃
耐陰性：強い
置き場所：日なた〜明るい日陰

樹木や岩石に着生するシダ。ほふくする茎は毛で覆われ、光沢のある濃緑の葉は大きく切れ込み、ワイルドな雰囲気がたっぷり漂います。

【管理】
日なた〜明るい日陰まで適応。多湿を好むので乾燥しないように気をつけ、ときどき霧吹きなどで葉水を与えるようにしましょう。土の表面が乾いたら、たっぷりと水を与えます。

アスパラガス・デンシフロルス'スプレンゲリー'
◀ Asparagus densiflorus 'Sprengeri'

科名：キジカクシ科
原産地：園芸品種
最低気温：3℃
耐陰性：強い
置き場所：日なた〜明るい日陰

茎が四方に広がり、先端が下垂する姿は涼しげな雰囲気です。白い小花を初夏につけ、その後つく丸い実は赤く熟します。

【管理】
日当たりの良い場所〜明るい日陰で管理します。夏期は直射日光を避け、戸外の半日陰で管理することも可能。乾燥には強いですが、乾燥状態が長く続くと細い葉がパラパラと落ちるので、土が乾いたら水やりします。冬は乾かし気味にして耐寒力を高めて。根の生育が旺盛なので、1年に1回を目安に鉢替えをするか、株分けを行いましょう。

マコワニー
（ミリオクラダス）
'スプレンゲリー'よりもふわふわとしたやわらかい印象。

Part 5 草丈1m以下の植物カタログ Small

ディーフェンバキア
Dieffenbachia

科名：サトイモ科
原産地：熱帯アメリカ
最低気温：10℃
耐陰性：強い
置き場所：明るい日陰

大型種と小型種がありますが、出まわっている多くは小型種。長楕円形の葉には、白や黄、薄緑色などの斑が不規則に入ります。切り口から出る白い液は有毒なので注意して。

【管理】
明るい日陰を好みますが、夏以外は葉焼けしない程度に日に当てて育てると株が締まります。高温多湿を好むので、ときどき霧吹きで葉水をして湿度を上げて。植え替えや挿し木、株分けは初夏～夏の間に行います。

オリヅルラン
Chlorophytum

科名：キジカクシ科
原産地：北アメリカとヨーロッパ以外の大陸
最低気温：0℃
耐陰性：強い
置き場所：日なた～明るい日陰

すっと伸びる細長い葉を放射状に広げ、主に吊り鉢に植えて楽しみます。「ランナー」と呼ばれる細い茎に白い小花を咲かせ、その先に子株をつけます。

【管理】
日当たりの良い場所で管理します。生長期は風通しの良い屋外が最適。耐陰性はありますが、日照不足になると株が弱ります。太い根が旺盛に伸びるので、根づまりしないように1年に1回を目安に生長期に植え替えをし、併せて株分けを行うといいでしょう。発生した子株はランナーから切り取ってはずし、植えつけます。

アグラオネマ
Aglaonema

科名：サトイモ科
原産地：熱帯アジア
最低気温：10℃
耐陰性：強い
置き場所：明るい日陰

熱帯アジアに21種が分布するアグラオネマ。葉は大きめのものが多く、シルバーがかった斑入りや美しい光沢がある種類があります。また、上に伸びるタイプと横に広がるタイプがあり、サトイモのような白い花を咲かせます。

【管理】
耐陰性があり明るい日陰で管理します。高温多湿を好むので、土の表面が乾き始めたら水やりをして。葉水で加湿するも良いでしょう。生長してくると株元からわき芽が伸びてきます。株分けや挿し木で殖やします。

'ホワイト ストーク'
銀緑色の斑入り葉で、葉形が細いタイプ。

クワズイモ

Alocasia odora

- 科名：サトイモ科
- 原産地：中国、台湾、東南アジア、インド
- 最低気温：0℃
- 耐陰性：強い
- 置き場所：日なた〜明るい日陰

サトイモに似たグリーンの大きな葉が存在感を発揮するクワズイモ。サトイモによく似ていながら毒性があって食べられないことからクワズイモに。花は夏に咲かせます。

【管理】
高温多湿を好みますが、常に土が湿っている状態だと根腐れを起こしてしまいがちに。土の表面が乾いてから水をやり、湿度を保つために霧吹きで葉水をかけて。子株が出てきたら、生長期に株分けを。

アンスリウム

Anthurium andraeanum

- 科名：サトイモ科
- 原産地：エクアドル、コロンビアなど
- 最低気温：10℃
- 耐陰性：強い
- 置き場所：明るい日陰

長くまっすぐな花柄の先につける光沢のある花のような仏炎苞（ぶつえんほう）が印象的。長期間楽しめます。オーソドックスな赤系のほかピンクや白、緑、黒茶、複色のものがあります。

【管理】
明るい日陰を好みますが、直射日光は避けて管理。耐陰性は強い方ですが、花つきをよくするには、明るい場所がおすすめ。高温多湿を好み乾燥を嫌うので、霧吹きでこまめに水分を与えましょう。ただし、過湿に注意。

アロカシア

Alocasia

- 科名：サトイモ科
- 原産地：熱帯〜亜熱帯アジア、オーストラリア
- 最低気温：5〜10℃
- 耐陰性：強い
- 置き場所：明るい日陰

葉柄の先につける大きな葉は、光沢のあるものやベルベットのような質感のものなどが揃い、バリエーション豊か。個性的な佇まいがエキゾチックな雰囲気を演出してくれます。

【管理】
高温多湿を好み、直射日光の当たらない半日陰で管理します。耐陰性は強い方ですが、日照不足になると軟弱化します。根が良く張り、根詰まりすると葉色が悪くなるので、1〜2年に1回を目安に生長期に鉢増しか植え替えをします。鉢替えの際に併せて株分けをすると良いでしょう。

スパティフィルム
Spathiphyllum

科名：サトイモ科
原産地：熱帯アメリカ、マレーシア〜ソロモン諸島
最低気温：10℃
耐陰性：強い
置き場所：明るい日陰

白い花びらのように見えるのは仏炎苞（ぶつえんほう）と呼ばれる葉が変形したもので、光沢のある緑葉との美しいコントラストを楽しめます。花は小さく中央部分の肉穂花序（にくすいかじょ）につけます。条件がよければ年中開花します。
【管理】
半日陰を好み、夏の直射日光に当てないようにします。耐陰性がありますが、日照不足になると花が咲きにくくなります。

ザミオクルカス・ザミフォーリア
Zamioculcas zamiifolia

科名：サトイモ科
原産地：熱帯アフリカ東部
最低気温：8℃
耐陰性：やや強い
置き場所：日なた〜明るい日陰

光沢がある葉は肉厚で、新芽は葉が閉じたまま伸び次第に展開します。葉と根に水分を蓄えているので、乾燥に強く丈夫。生長が遅く、草姿が乱れないのもポイントです。
【管理】
日なたを好みます。乾燥には強いですが、過湿にすると茎や根が腐るので注意をしましょう。大きく育ったら初夏に鉢替えをします。その際に株分けをしたり、葉挿しをして株を殖やすことができます。

ザミア・フルフラケア
（ヒロハザミア）
Zamia furufracea

科名：サトイモ科
原産地：メキシコ東部
最低気温：5℃
耐陰性：やや強い
置き場所：日なた

メキシコソテツとも呼ばれる常緑低木。普通のソテツに比べて生長が遅く、葉は肉厚でやわらかく先端が丸みを帯びています。うっすらうぶ毛で覆われた、個性的な姿を楽しむことができます。
【管理】
日なたを好むので、年間を通して日当たりの良い場所で育てます。寒さに弱いので冬は室内へ入れて防寒をして。乾燥に強く多湿には弱いので、水のやり過ぎに注意。生長すると子株ができるので、鉢替えと併せて子株を分けて殖やすと良いでしょう。

フィロデンドロン・ザナドゥ
Philodendron xanadu

科名：サトイモ科
原産地：熱帯アメリカ
最低気温：5℃
耐陰性：強い
置き場所：明るい日陰

別名クッカバラ。光沢があり、深く切れ込みが入る葉はセロウムに似ていますが、より幅が細く小さなタイプ。直立する幹は木化し、葉を落としながら生長していきます。

【管理】
直射日光の当たらない、明るい場所を好みます。耐陰性があり日陰でも育ちますが、日照不足になると徒長するので気をつけて。水は土の表面が乾いたらたっぷり与え、霧吹きなどで葉水をして、空気中の湿度を上げるようにしましょう。

ドラセナ・スルクロサ 'フロリダ ビューティー'
Dracaena surculosa 'Florida Beauty'

科名：キジカクシ科
原産地：園芸品種
最低気温：8℃
耐陰性：強い
置き場所：日なた～明るい日陰

ドラセナの中ではコンパクトな品種で、緑地に白～黄の星斑が密に入ります。

【管理】
年間を通して明るい日陰で育てられますが、日照不足は株が軟弱になるため、夏以外はできるだけ日当たりの良い場所で育てます。水は土の表面が乾いたらたっぷりと与え、冬は乾かし気味に管理して。株立ちになり、挿し木のほか、株分けで殖やせます。

カラテアの仲間
Calathea

科名：クズウコン科
原産地：熱帯アメリカ
最低気温：12℃
耐陰性：明るい日陰〜日陰
置き場所：強い

ブラジルを中心として熱帯アメリカに約300種が分布する、葉にユニークな模様が入る、エキゾチックな植物。花が美しい品種もあり、花色もさまざま。花苞の形も種類によって異なります。

【管理】
明るい日陰〜日陰で高温多湿になる場所を好み、光が強いと葉が丸まります。寒さに弱いのであたたかい場所で管理するか、水を切って休眠状態にさせるといいでしょう。春にあたたかくなったら、水やりを始めると新芽が伸びてきます。乾燥が苦手なので、こまめに霧吹きで葉水を与えます。2年に一度、初夏〜夏の間に植え替えを行いましょう。

カラテア・オルビフォリア
C. orbifolia

丸みのある葉は銀白色で、葉脈に沿って緑の模様が入るのが特徴です。

カラテア・ファスキアタ
C. fasciata

丸みを帯びた葉は明緑色で、葉脈に沿って濃緑色の模様が入ります。

カラテア 'ピンク スター'
C. 'Pink Star'

光沢のある葉は、黒地にピンクの斑が入る美しい品種。

カラテア・ルフィバルバ
C. rufibarba

長い葉柄に波打つ長めの葉をつけ、葉裏は紫でシックな印象。

Ananas

パイナップル科の仲間
（ティランジアを除く）

Ananas

科名：パイナップル科
原産地：熱帯アメリカ
耐陰性：ふつう〜強い
置き場所：日なた〜明るい日陰

地生のものから着生するものまで幅広く、多様な色形のものがあるパイナップル科の仲間。株はロゼット状に広がり、葉のかたさは自生する環境によって異なります。直射日光を好むものはかたく、苦手なものはやわらかいタイプが多く見られます。いずれも個性的な存在感が抜群。花は数日間しか咲きませんが、あざやかな苞はしばらく観賞できます。花後は株元に子株ができて殖やすことが可能。

【管理】
多くの種類は日に十分当てて育てます。生長期間中の水やりは、葉が筒状になるタンクタイプのものは、筒の中に水をためるようにします。筒状にならないものは、土の表面が乾いたらたっぷりと水やりを。どちらも冬期は水を控えて乾燥気味に育て、タンクタイプは冬期は筒の中に水をためないように注意。花が咲くと子株ができるので、子株の葉が5〜7枚になったら生長期に親株からはずして水ゴケで包み、植えつけを。子株ができると親株が枯れる種類もあります。

ネオレゲリアの仲間

Neoregelia

最低気温：3℃
耐陰性：ふつう
置き場所：日なた

南米の熱帯〜温帯に100種類近くが分布。葉はかためで、あざやかな黄や白、ピンクなどの斑や模様が入るものが多く、たくさんの品種が出まわっています。開花期になると葉の筒状部あたりが赤や紫などに色づくものもあり、筒内部に花を咲かせます。葉が筒状のタンクタイプ。
【管理】
年間を通して日当たりの良い場所で育てます。日に当てることで葉色があざやかになり、開花しやすくなります。

ネオレゲリア'トリコロル'
N.'Tricolor'

緑地にクリーム色の縦縞斑入る、葉幅が細い品種です。

ネオレゲリア'パープル スター'
N.'Purple Star'

比較的大きく育つタイプで、ダークグリーンの葉は、中心が赤紫色を帯びてきます。

ネオレゲリア・コンセントリカ
N.concentrica

明るいグリーンの葉は、葉幅がやや広く丸みがあります。

パイナップル科の仲間

エクメアの仲間
Aechmea

最低気温：0～8℃
耐陰性：ふつう
置き場所：日なた

熱帯アメリカに約260種が分布。葉は硬いタイプで、葉色は白や黄の斑が入るものが多く、花や苞も楽しめる種類が多くあります。

エクメア・ファスキアタ
A.fasciata

別名「シマサンゴアナナス」。葉に入る白い横縞が美しく、ピンクの苞＋青い花が楽しめます。タンクタイプ。

エクメア・タヨエンシス
A. tayoensis

茎と葉の縁が赤くなる美しい種類で、やわらかな草姿が特徴的。

エクメア 'フォスターズ フェイバリット'
A.'Foster's Favorite'

光沢のある赤褐色の葉、長く伸びる赤い苞、紫花の組み合わせが個性的。タンクタイプ。

エクメア・ヌディカウリス 'フラボマルギナタ'
A. nudicaulis 'Flavomarginata'

葉の外側に黄斑が入るのが特徴。苞は赤色。タンクタイプ。

パイナップル科の仲間　Ananas

フリーセア
Vriesea

'サンダーシー'
灰銀色がかった美しい葉を持つ種類で赤茶色の斑点が入ります。

最低気温：3〜5℃
耐陰性：強い
置き場所：日なた〜明るい日陰

原産地に265種が分布。葉はやわらかめで、成熟すると赤や黄色のヘラ状の穂を立ち上げ、白や黄色の花を咲かせます。タンクタイプ。

グズマニア
Guzmania

最低気温：5℃
耐陰性：強い
置き場所：明るい日陰

原産地に167種が分布。葉はやわらかめで縁のトゲがないタイプ。緑の葉と赤や黄に色づく苞とのコントラストを長期間楽しめます。タンクタイプ。

ホヘンベルギア
Hohenbergia

最低気温：3〜5℃
耐陰性：強い
置き場所：日なた〜明るい日陰

熱帯アメリカに47種類が分布。葉がかたく、鋭いトゲが葉縁につきます。多くは地生ですが着生種もあり、花は密にかたまって松かさ状の花序になります。タンクタイプ。

クリプタンサス
Cryptanthus

最低気温：3℃
耐陰性：強い
置き場所：日なた〜明るい日陰

原産地に45種が分布。ほかのアナナス類よりも小型で、葉は筒状にはならずに放射状に広げ、ヒトデのような草姿になります。

【管理】
高温多湿、肥沃な土を好みます。株元や葉の上部に子株をつけるので、株分けをして殖やして。さまざまな色彩豊かな葉が観賞の対象となります。

Part 5 草丈1m以下の植物カタログ　Small

ペペロミア
Peperomia

科名：コショウ科
原産地：世界の熱帯～亜熱帯地域
最低気温：5℃
耐陰性：強い
置き場所：日なた～明るい日陰

種類・品種が非常に豊富で、立って株立ちになるものやツルを伸ばして下垂するもの、銅葉やライムグリーンなどの葉色のものなど、さまざまなタイプがあります。葉は肉厚で、瑞々しい印象です。
【管理】
多くは耐陰性があり強い日差しは苦手なので、明るい日陰になる場所で管理します。肉厚な葉には水分をためているので、乾燥には比較的強いですが、過湿に弱いので水のやり過ぎに注意して。株が大きく育ったら、生長期に、株分けや挿し木を行い、株の更新をしましょう。

ピレア・カデイエレイ'ミニマ'
Pilea cadierei 'Minima'

科名：イラクサ科
原産地：ベトナム
最低気温：3℃
耐陰性：強い
置き場所：明るい日陰

光沢のある緑地に銀白色の斑点模様が入るので、英名はアルミニウムプランツ。よく分枝しこんもりとした株立ち状に育ちます。株が充実すると、秋に葉腋から白い粒々した花を咲かせます。
【管理】
耐陰性があるので明るい日陰で管理しますが、日照不足になると間伸びします。株は摘芯をするとよりよく分枝して、こんもりとした草姿にまとまります。水をやりすぎると根が腐りやすいので、土の表面が乾いたら水やりを。茎を水に挿すと発根しやすく、水耕栽培ができます。

レインボーファーン
（コンテリクラマゴケ）
Selaginella uncinata

科名：イワヒバ科
原産地：中国南部
最低気温：0℃
耐陰性：強い
置き場所：明るい日陰

林床に生えるイワヒバの一種で、ほふくして生長します。玉虫色のような青みがかったグリーンの美しい葉色が最大の魅力で、光や湿度の加減で微妙に変化。光が強いと葉の青みが消えて緑になり、湿気のある日陰では青みが強く出ます。
【管理】
直射日光に弱いので、1年を通して明るい日陰で管理をします。乾燥に非常に弱いので、水切れに注意し、ときどき葉水を与えましょう。水切れして葉が茶色くなったときは、根が生きていれば刈り込みで再生することも。大きく育ったら、挿し木して殖やせます。

枝を伸ばすグリーン

ポトス
Epipremnum pinnatum

科名：サトイモ科
原産地：東南アジア〜太平洋西部
草丈：0.2〜1m
最低気温：5℃
耐陰性：強い
置き場所：明るい日陰〜日陰

旧属名の「ポトス」で出まわっています。原産地では大きな木に這い上がるように育ち、10m以上伸びる着生植物。一般に家庭で観賞しているのは幼葉で、成葉になると羽状に切れ込みが入ります。

【管理】
直射日光が当たらない明るい場所で管理します。耐陰性があり多少暗くても大丈夫ですが、長期間続くと斑模様が出なくなるので注意を。伸びすぎたツルは切って水に差しておくだけで容易に発根し、殖やすことができます。ハンギングで楽しむだけでなく、伸びたツルをヘゴなどに活着させて育てることができます。

最も一般的なポトス。明るい緑地に黄色の斑が入る、育てやすいポトス。

'ライム'
ライムグリーンの葉が特徴的。日当たりが良いと葉色があざやかになり、暗いと緑がかります。

'パーフェクト グリーン'
斑が入らない緑一色のタイプ。最も丈夫な品種のひとつで耐陰性も抜群。

'エンジョイ'
コンパクトなタイプで、個性的な斑が多く入る品種。

スキンダプスス・ピクタス'アルギレウス'
（シラフカズラ）

Scindapsus pictus 'Argyreus'

科名：サトイモ科
原産地：マレー半島、インドネシア
最低気温：8℃
耐陰性：強い
置き場所：明るい日陰

自生地では木に着生したり地を這って広がります。やわらかな質感の緑葉にはシルバーグリーンの斑が入り、シックな雰囲気を漂わせます。
【管理】
耐陰性はありますが、直射日光の当たらない明るい場所で管理します。やや多肉質で乾燥に比較的耐えられますが高温多湿を好むので、こまめに霧吹きなどをして湿度を上げるようにしましょう。ポトスと同じように、ハンギングで楽しむだけでなく、伸びたツルをヘゴなどに活着させて育てることもできます。

シンゴニウム・エリスロフィルム

Syngonium erythrophyllum

科名：サトイモ科
原産地：パナマ
最低気温：8℃
耐陰性：強い
置き場所：明るい日陰

「シンゴニウム チョコレート」の商品名でも流通するダークな葉色種。楕円ややじり形の葉には光沢があり、表面は濃緑、裏面は赤紫色をしています。半ツル性の植物で、株は茎が立ち上がらずにふんわりと広がります。
【管理】
年間を通して直射日光は避けて、半日陰で管理します。耐陰性は強い方ですが、日照不足になると株が弱るので、明るい場所で育てるようにして。高温多湿を好むので、土の表面が乾いたら水やりをし、葉水で湿度を上げるようにします。2年に一度を目安に、初夏〜夏の間に株分けや植え替えをしましょう。

モンステラ・フリードリッヒスターリー（マドカズラ）

Monstera friedrichsthalii

科名：サトイモ科
原産地：中央アメリカ
最低気温：10℃
耐陰性：強い
置き場所：明るい日陰

原産地ではジャングルの大木に張りついて育ちます。葉には切れ込みが入らず、窓のような大きな穴を開けており、スコールで葉が破けないようになっています。一般的なモンステラよりも葉が小ぶりで節間が短くコンパクトにまとまります。
【管理】
直射日光の当たらない明るい場所で管理します。高温多湿を好むので、土が乾き始めたら水をやり、葉水で湿度を上げるようにします。ポトスと同じように、ハンギングで楽しむだけでなく、伸びたツルをヘゴなどに活着させて育てられます。

モンステラ・カステリアナ

「ジェイド シャトルコック」という名前で出まわる種類。形体的にはポトスに似ており、葉はコンパクトで切れ込みや穴はなく、葉脈が深く入り、凸凹しています。

'モナ リザ'

多肉質で光沢のある葉と暗赤色のガク、赤い花冠のコントラストが美しい品種。開花期は冬～春。

エスキナンサス
Aeschynanthus

科名：イワタバコ科
原産地：インド～ニューギニア
最低気温：10℃
耐陰性：強い
置き場所：日なた～明るい日陰

熱帯雨林の樹上や岩に根を張りつけて、這い上がったり、垂れ下がったりして生育する半ツル性の着生植物で、原産地に約160種が分布。春～初夏、または秋に、葉腋や枝の先に筒状の花を咲かせます。

【管理】
日当たりの良い場所を好みますが、夏の直射日光を嫌うため、夏場は半日陰に移動させます。耐陰性もあり高温多湿を好みますが土の過湿は苦手なので、土の表面が乾いたら水やりをし、霧吹きなどで葉水を与えます。鉢がえや植え替えは初夏～夏の間に行って。葉が落ち始めたりして調子が悪そうな場合は、切り戻しを行いましょう。カットした枝で挿し木ができます。

マルモラツス

個性的な斑模様が入る葉は、表が緑で裏がエンジ色になり、黄緑の目立たない花を咲かせます。

'ツイスター'

肉厚な葉はクルクルとカールし、もこもことした株姿に生長。夏に赤い花を咲かせます。

ホヤ・カルノサ 'ヴァリエガタ'
（斑入りサクララン）
Hoya carnosa 'Variegata'

科名：キョウチクトウ科
原産地：園芸品種（基本種は、日本、中国、オーストラリア）
最低気温：5℃
耐陰性：強い
置き場所：日なた～明るい日陰

光沢のある緑葉の一部に白～薄ピンクの斑が入る、肉厚な葉が特徴です。株が充実してくると、長く伸びたツルの葉腋や枝先に、ロウ細工のような星形のピンクの花をドーム状に固めて咲かせ、香りを放ちます。

【管理】
日なたを好みますが、夏の直射日光が当たらない場所で管理します。日照不足では花が咲かなくなります。乾燥に強く過湿を嫌うので、水やりは土の表面が乾いたらたっぷりと与えますが、夏場は霧吹きで葉水も与えると良いでしょう。根が張ってきたら、春～夏の間に植え替えや挿し木をします。

Part 5 草丈1m以下の植物カタログ

シッサスの仲間
Cissus

科名：ブドウ科
原産地：世界の熱帯～温帯地域
最低気温：5～10℃
耐陰性：やや強い（一部弱め）
置き場所：日なた（一部明るい日陰）

世界の熱帯～温帯地域に約350種が分布しますが、原産地によって葉の色形はさまざま。ブドウ科の葉らしい切れ込みが入るものが多くあります。
【管理】
シッサス類は種類が多いので、好む環境にも開きがあります。多くの種類は明るい場所を好みますが、夏の直射日光は避けて管理。耐陰性はありますが、日を良く当てた方が生育が良くなります。比較的寒さには強い方ですが、種類によってはやや弱めなものもあるので注意しましょう。ツルが伸びすぎたら、初夏～夏に株の1/3程度を残して切り戻し、併せて鉢替えや植え替えをします。

シッサス 'ガーランド'
C.'Garland'

最低気温：5℃
耐陰性：やや強い
置き場所：日なた

「シュガーバイン」に似ていますが、葉は光沢がなく小ぶりで茎がややかため。丈夫でより管理が簡単です。

シッサス・ディスコロル
C.discolor

最低気温：10℃
耐陰性：やや強い
置き場所：明るい日陰～日陰

別名セイシカズラ。葉は銀白や紫色の斑が入り、葉裏は赤紫色。巻きヒゲでほかのものに巻きついて絡みます。

シッサス・ロンビフォリア 'エレン ダニカ'
C.rhombifolia'Ellen Danica'

最低気温：5℃
耐陰性：やや強い
置き場所：日なた

濃緑の葉は光沢があり、切れ込みが多く入ります。ツルには巻きヒゲがありますが力は弱く、あまり絡むことはありません。

パルテノシッサス 'シュガーバイン'
Parthenocissus 'Sugarvine'

科名：ブドウ科
原産地：園芸品種
最低気温：0℃
耐陰性：強い
置き場所：日なた～明るい日陰

日本や中国で自生するナツヅタなどのツタ属を交配親とする園芸種。光沢のある濃緑色の5枚葉が細いツルにヒラヒラとつき、繊細で軽やかな印象。吸盤のついた巻きヒゲを出し、絡みつきながら生長します。
【管理】
日当たりの良い場所を好みますが、夏の直射日光を避けて管理します。耐陰性はありますが、日照不足になると間伸びするので注意をしましょう。過湿・乾燥どちらも弱いので、気をつけます。伸びすぎたり、下葉がなくなったりして見苦しくなったら、春か秋に10～15cm残す程度に切り戻しを。カットした枝で挿し木もできます。

リプサリス
Rhipsalis

科名：サボテン科
原産地：熱帯アメリカ
最低気温：5℃
耐陰性：強い
置き場所：日なた～明るい日陰

熱帯雨林の木の幹や岩に張りついて生育する着生サボテンで、多肉質の細い枝茎を枝垂れさせます。枝は平べったいものや筒状のものなど種類によってさまざま。春に白や黄色、ピンクなどの花を咲かせ、その後に丸い実をつけます。
【管理】
直射日光の当たらない明るい日陰で管理します。乾燥に強いですが高温多湿を好むので、霧吹きで葉水をして加湿し、水やりは控えめにします。春と秋に生長するので、鉢替えや株分けなどの作業はこの時期に行って。

フペルジア・スクアロサ
Huperzia sguarrosa

科名：ヒカゲノカズラ科
原産地：熱帯アジア～ヒマラヤ地方、マダガスカルなど
最低気温：8℃
耐陰性：強い
置き場所：明るい日陰

以前はリコポディウムと呼ばれており、細かい葉をブラシのようにつけた枝を枝垂れさせるさまは独特で個性的。
【管理】
明るい場所を好みますが、直射日光が当たらない風通しの良い場所で管理。高温多湿を好みますが土中の過湿は苦手なので、水やりは土の表面が乾いたら行い、霧吹きで葉水をして加湿をします。根が鉢いっぱいに育ったら、鉢増しをしましょう。

ルスキフォリア
流通名は「ミリオン ハート」。濃緑色のハート形の葉で株はコンパクト。

ヌンムラリア
小さく丸い葉は光沢のある明るい緑色で、ふっくら多肉質。

フォルモサナ
流通名「ハートジュエリー」。明るい緑のハート形の葉が愛らしい。

ディスキディア
Dischidia

科名：キョウチクトウ科
原産地：東南アジア、オーストラリアなど
最低気温：5℃
耐陰性：強い
置き場所：明るい日陰

樹木や岩に根を張りつかせて生育する着生植物で、原産地に約80種類が分布。下垂するツルに、やや肉厚な小さな葉を連ねます。夏に赤や白などの小さな花を咲かせます。一部の種類は葉を肥大させて空洞化し、貯水嚢（ちょすいのう）をつくります。
【管理】
日当たりの良い場所～半日陰を好みますが、夏の直射日光に当たらないように管理をします。乾燥には強いですが高温多湿を好むので、霧吹きをまめにして加湿をするようにして。ただし、土中の過湿には弱いので水のやり過ぎには注意。植えつけや植え替えは、水ゴケや水はけの良い土を使用し、初夏に行います。

ベンガレンシス'ヴァリエガタ'
淡い緑地に白斑が入る、明るくさわやかな品種。

Display idea

Part 6
印象的なディスプレーの演出に役立つ
グリーンの飾り方アイデア

部屋に飾ったときの印象を左右する
鉢と鉢カバーを選ぶ際に役立つ例をご紹介。
葉の形で差をつける、高低差をつけるといった
ディスプレーテクニックも解説します。

Lesson 1
鉢&鉢カバー にこだわる

鉢選びは緑を引き立て、自分らしい
インテリアを実現するためにも大切。

シェフレラ・アクティノフィラ

カフェのようなLDKに置いたグリーンには、コーヒー豆を思わせる麻袋で鉢をカバー。メンズライクでカジュアルなコーディネートに仕上げました。

フィカス

暖炉のアイアンやレンガなどのかたくて重厚な素材が集まるコーナーの脇は、やわらかい印象のバスケットを用いて、軽重のバランスを取っています。

籐や麻など自然素材はグリーンと相性抜群

フィカス・アルティッシマ'ヴァリエガタ'

階段の下のグリーンのカバーには、手すりの黒色に合わせて、渋い色のバスケットをセレクト。グリーンとのバランスも◎。

ブラキキトン・ルペストリス

無垢材の家具や小物でコーディネートしたナチュラルな空間の一角。シーグラスのバスケットを鉢カバーとして使い、よりナチュラルさをアップ。

Part 6 グリーンの飾り方アイデア

フィカス・ウンベラタ

白や無垢材の壁に囲まれた心地良い空間には、明るい葉色のフィカスをセレクト。白いブリキの鉢でさわやかにまとめて。

ブリキやスチールの鉢でメンズライクにまとめて

ドラセナ・ペロッティー

コンパクトな子ども用のチェアには、丈の低いドラセナ（サンセベリア）を。器にはブリキの浅いバケツを使い、素朴なシーンを演出。

フィロデンドロン'サン レッド'

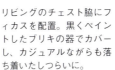

リビングのチェスト脇にフィカスを配置。黒くペイントしたブリキの器でカバーし、カジュアルながらも落ち着いたしつらいに。

ビカクシダ

フィカス・ウンベラタ

洗面室の棚の最上段に、赤い葉脈が美しいフィロデンドロンをディスプレー。光沢のあるブリキの器に入れて、明るさと清潔感をキープしています。

空間のシンボリックな存在であるフィカスには、スタイリッシュな存在感を放ちながら悪目立ちしない、ブリキ製の大鉢をセレクト。

インテリアスタイルにマッチする素材、形を選ぶ

小物と2種のペペロミアをディスプレー。立て掛けた鏡に呼応するように、ゴールドの陶器鉢を合わせて、上品にまとめています。

エキゾティックな雰囲気漂うコーナーにエバーフレッシュをレイアウト。鉢は渋い大きな壺を選び、落ち着いた大人っぽいしつらいに。

モダンな空間に合わせてエバーフレッシュはモノトーンの鉢に植えました。白を基調にしているため、葉色の瑞々しさが際立ちます。

106

Part 6 グリーンの飾り方アイデア

フィカス・キアティスティプラ

濃緑の葉が特徴的なフィカスは、グレーの塗り鉢でナチュラルな空間になじませて。株元の土が目立つのでココヤシファイバーでカバー。

ドラセナ・アングスティフォリア

きゃしゃなドラセナの鉢部分を真っ白なファーを巻いてカバーしています。星型の照明などと合わせた、遊び心が感じられるシーン。

フィカス・アルティッシマ'ヴァリエガタ'

モノトーン×ウッドを基調とした空間には、コンクリート製の大鉢を採用。マットな質感がフィカスの葉の光沢を引き立てて。

レモンマートル

きゃしゃな枝葉を扇状にのばすレモンマートルには、小さめの陶器鉢を用いて、樹形の広がりを強調。シンプルな植物×鉢の組み合わせに赤い差し色が効いて。

「見立てづかい」で個性あふれるコーナーを演出

ヘデラ

白いカップを器に使い、飾り棚の上に愛らしくディスプレー。ヘデラは強健なので、多少器が小さくても元気に生育します。

タマシダ類

アンティークのカップ型の器を鉢として使い、瑞々しいタマシダを合わせて。明るい葉色を器の重厚感と対比させ、シックなコーナーを演出しています。

フィカス・ルビギノサ

濃緑の瑞々しい葉を引き立てるために、白い鉢をセレクト。ワイヤーのカゴに入れることで、素朴なニュアンスが加わっています。

ヘデラ

ホーローのマグカップに植えたヘデラをバスケットにイン。透け感のあるデザインが、ヘデラの軽やかな草姿とマッチしています。

Part 6 グリーンの飾り方アイデア

ホヤ・カルノサ'ヴァリエガタ'
ペペロミア・アングラタ

テラリウムのようなデザインのシンプルでおしゃれなハンギング。きゃしゃなラインに合わせて、小型のグリーンと白鉢をコーディネートしています。

ビカクシダ

キッチンの照明用レールを活用して、白い陶器の鉢をマクラメ編みのプラントハンガーで吊るして。シックなマクラメがビカクシダのメンズライクな趣にマッチしています。

{ ハンギングは色やデザインで遊び心を加えて }

ホヤ・カルノサ'ヴァリエガタ'
ミルクブッシュ

吹き抜けの玄関の上部にグリーンをひと鉢ハンギング。無粋なプラスチック鉢を麻布で巻き、見映え良くアレンジしています。

ヘデラ

たっぷりと茂ったヘデラを朱色×ブルーのマクラメと合わせて。グリーン一辺倒にならないように、シーンに挿し色を加えています。

Column
水まわりのコーディネートに注目！

いつでも気持ち良く使える空間づくりには、やはりグリーンが不可欠！

ストレリチア・レギナエ

洗面台の前の棚にスマートなフォルムのグリーンを飾って。素朴なテラコッタ鉢は、リラックス空間によく似合います。

〈 さりげなく配しつつ清潔感を大切にしたコーディネートを 〉

あまり場所を取れない場所には、きゃしゃなドラセナ・バクラリスを。小さな白い鉢に植えて、すっきりとコーディネート。

ドラセナ・バクラリス

ガステリア

ガステリアの肉厚な葉とバランスが良い重心の低い鉢をセレクト。マットな質感が北欧テイストの空間にマッチしています。

スパティフィルム

浴室の入口に高温多湿が好きなスパティフィルムの大鉢を洗面台のグリーンと対比させるように配し、空間に安定感をもたらしています。

Part 6 グリーンの飾り方アイデア

Display idea

Lesson 2
鉢の飾り方に ひと工夫

鉢の色などの雰囲気を揃えつつ、大きさや高さで変化をつけると◎。

ドラセナ・フラグランス（デレメンシス グループ）
ソフォラ
銅葉チコリ

ドラセナの鉢を中心にふたつの小鉢を添えたカウンター。手前の銅葉のチコリがおもしろみを加えながら、色の引き締め役になっています。

パキラ
セレウス・セレヴィアヌス

大きな葉を広げるパキラとコンパクトなセレウスの、フォルムの異なる組み合わせ。グレーの壁を背景に、互いの個性を引き立たせています。

{ 異なる草姿、樹高の鉢を並べて変化に富むコーナーに }

ドラセナ・レフレクサ'ソング オブ インディア'
カランコエ・ベハレンシス'ファング'
フィカス・ジン

ドラセナの線が細いので、どっしりした葉のフィカスを手前に合わせてボリューム感を持たせることで、見映えの良さを高めました。

ストレリチア・ニコライ
ロフォケレウス

チェストの上は鉢を4つまとめて飾り、大鉢のストレリチアと対比させ、ボリュームのバランスを上手に取っています。

シッサス・ロンビフォリア'エレンダニカ'
フィカス・ウンベラタ

床置きに加えて棚の上や天井にグリーンをあしらい、空間に瑞々しい彩りを添えて。それぞれのフォルムに変化をつけて、シーンの表情を豊かに見せています。

リプサリス
フィカス・ウンベラタ
ロフォケレウス

玄関を入ってすぐの廊下にグリーンを配置。縦長の鉢やアイアンスタンドを使ったリズミカルな高低差が、来訪者を奥へと誘うようです。

棚やハンギングを使って高低差を演出

シマオオタニワタリ'プリカツム'

部屋のコーナーの壁に、板に取りつけたシマオオタニワタリを額縁と組み合わせて壁掛けに。その下にラックを活用すると、置くだけで高低差が生まれます。

フィカス・リラタ

ふたつ連ねた3段シェルフにグリーンをバランス良く配置。最上部に丈のあるフィカスをあしらい、広がりを生み出しました。

Part 6 グリーンの飾り方アイデア

Display idea

エキゾティックな植物を並べた個性あふれる空間。幹がうねるアガヴェをより目立たせるように、高さを出してディスプレー。

鉢台を活用すれば手軽に絵になるシーンが完成

少ない鉢で立体感を持たせた、玄関のコーナー。大鉢に入れたフィカスを中心に、スタンド、直置きのグリーンを寄せて、立体的な流れを作っています。

シックな葉色のグリーンに古道具を合わせて、ビターな雰囲気を演出。チェアは重ねて高さを出し、遊び心を加えています。

あかり取りの窓があるコーナーに、大小のグリーンで見映え良くしつらえて。ウッディなインテリアに合わせて、木製スツールを花台として活用。

注目の植物 Pick up!

インパクトのある見た目で人気を集める、2種の植物を紹介。

ひと株あるだけでもその存在感に目を奪われますが、まとめて飾っても素敵。球状の鉢に植えると、丸みを帯びたフォルムが強調されます。

太い根や幹がフォトジェニック
塊根植物（コーデックス）

多肉植物の仲間で、幹や根が肥大化した植物。ぽってりとした姿は愛らしく、造形的な魅力があります。ふくらんだ部分に水分を蓄える性質があり、生長が遅い品種が多いのが特徴です。

がっしりとした株姿のパキポディウム・エブレネウム。同じものがひとつとしてないユニークな樹形は、生長するほど個性を発揮します。

パキポディウム・ブレビカウレ（恵比寿笑い）は、春につける花も美しく人気。冬にしっかり落葉させるのがきれいに花を咲かせるコツ。

シカの角のような草姿が
迫力満点の**ビカクシダ**

以前は鉢植えが主流でしたが、最近ではせり出すようにのびる胞子葉の迫力ある姿を生かした壁掛けの仕立てをよく見かけるように。省スペースでもグリーンのボリュームを手軽に出せます。

板に着生させた状態。板にのせた苗は水ゴケなどで覆い、麻ひもやワイヤーを使って固定します。最も着生しやすいのは植物の根を絡めて板状にしたヘゴ板。

ハンギングに仕立てても魅力的。四方八方にのびる大きな葉は存在感があり、ボリュームを感じさせます。なかには、幅1m以上にも生長する品種もあるそう。

Part 7

室内空間に瑞々しさをプラス

かんたん&かわいい 多肉植物、サボテン、エアプランツ

多肉植物やサボテン、エアプランツは
一般的な観葉植物とは一線を画す、独特な存在感が魅力。
素敵なインテリア実例や栽培のコツ、寄せ植えの作り方などを紹介します。

ジグザグサボテン
ビカクシダ
ストレリチア・ニコライ
アロエ・プリカティリス
アロエ・ディトコマ
ドラセナ・エリスラエアエ
アロエ・ラモシッシマ

大小の鉢をバランス良くレイアウト。リビングと書斎の境を額縁に見立て、絵になるシーンをしつらえています。

ビターなインテリアに合う個性が光るグリーンをセレクト

木田みゆきさん

ロフォケレウス
福禄寿

**高低差をつけて
サボテンの鉢を並べて
すっきり見映え良く**

「ふっくらと愛らしい植物よりトゲトゲとした無骨な植物が好き」と木田さん。チェストの上は、サボテンのみでまとめて。

多肉植物やサボテンなど、たくさんの個性的な鉢植えが並ぶメンズライクなリビング。おしゃれなショップを訪れたような空間です。このマンションに越したのを機に、徹底して理想的な空間づくりを始めたという木田さん。ビターな雰囲気のインテリアに合うシャープなフォルムの植物をメインにセレクトし、ゆるやかなカーブを描く瑞々しい観葉植物をアクセントに加えました。またDIYで棚を作ったり、鉢の色を統一したりと、全体が美しくまとまるようにさまざまな工夫を凝らしています。

Part 7 かんたん&かわいい 多肉植物、サボテン、エアプランツ

Succulent plants etc.

アロエ・プリカティリス

パキポディウム・ホロンベンゼ

こまごまとした鉢は
5段シェルフに集めて

小さな鉢は棚に並べ、両側に中鉢のアロエを配してまとまりを出しました。雑然とした雰囲気にならないように、鉢の色や質感を揃えています。

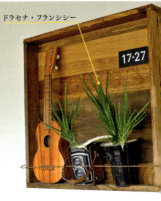

ドラセナ・フランシシー

壁面は絵を飾るように
グリーンで彩りをプラス

DIYした木の飾り棚にウクレレとドラセナ・フランシシーをディスプレー。線が細く飾るのにちょうど良い大きさ。

アロエ・ストリアタ

ユーフォルビア ミルクブッシュ

ご主人が自宅で仕事をするデスク。明るい窓辺に飾ったフェロカクタス金冠竜は、コロンとして愛らしい姿が癒しの存在に。

フェロカクタス 金冠竜

目線の高さで楽しめるよう
小さなグリーンを低めの棚に

ワゴンを改造した低い引き出しやメッシュのスチール棚を用いて、明るさと通風を確保。仕事の合間にグリーンを眺めて目を休めて。

明るい窓際は光を好むサボテンの特等席に

棚の脚部分に板を渡し、サボテン類をディスプレー。ときどき窓をあけて風を当て、植物をすこやかに育てています。

黒を効かせたメンズライクなテイストで統一したインテリア。ユニークなフォルムのグリーンがおしゃれなアクセントとして活躍。

Part 7 かんたん＆かわいい 多肉植物、サボテン、エアプランツ

パキポディウム・ラメリー
ユーフォルビア ミルクブッシュ
アロエ・フェロックス

株のフォルムを生かし印象的なディスプレーに

テレビ横の木の棚には、2種類のユーフォルビア科の植物を並べて。ユニークな株姿がオーナメンタルな存在感を発揮。

パンダヌス

シャープな葉と気根をのばすパンダヌスがワイルド。ジャンクなコーナーにマッチする、リメイクしたプラ鉢に植えています。

Check!

ベランダも植物を楽しむ場として活用し、インテリアと同じテイストでしつらえています。ベランダと室内に飾っているものをときどき入れ替えるようにして、健康な状態を維持しているそう。

ヒルデウィンテラ・カラデモノニス

ひと手間がおしゃれ感をぐっとアップ！

白いプラスチックの吊り鉢をマットな黒でペイントし、文字をステンシル。無粋なものは自分好みにアレンジし、上手に活用。

ペペロミア
アロエ'ドリアンフレーク'
アロエ・ジュクンダ

クセがあるほど魅力を放つ多肉植物

多肉植物は、ロゼット状の葉に不規則に斑が入るものや綴化するものなど独特なものが多く、いくら眺めていても飽きがこないのだとか。

Dry

シーンを個性的に彩る
多肉植物・サボテン＆エアプランツ

独特な姿が異国情緒を感じさせる、オーナメンタルな植物。いきいきとした株に育てるには、外気に当てるなどしながら風通しの良い場所で管理を。

ドラセナ（サンセベリアグループ）の仲間

Dracaena

科名：キジカクシ科
原産地：アフリカ～南アジア
草丈：15～150cm
耐寒性：やや弱い
耐陰性：やや強い
置き場所：日なた～明るい日陰

原産地に約60種が自生する植物で、空気を浄化するスタイリッシュな観葉として人気が出ました。葉が多肉質で乾燥に強いのが最大の特徴。葉色は緑のものや縞斑模様が入るものなどがあります。以前はサンセベリア属でしたがドラセナ属に変更になりました。

【管理】
日当たりの良い場所で乾かし気味に管理します。生長期は鉢土が乾いたら水やりを。冬は、乾燥させて休眠状態にすると良いでしょう。子株がたくさん出たり、鉢底から根が出てきたら、初夏～夏の間に鉢替えまたは株分けをします。鉢土を1/2程度落として、新たな土を足して植えつけます。株分けは2～3分割にして植え替えを。

ドラセナ・トリファスキアタ 'ローレンティー'
D. trifasciata 'Laurentii'

トラノオと呼ばれるもっともよく見かける品種。細長い葉に黄覆輪で横波模様が入るタイプ。

ドラセナ・スタッキー
D.stuckyi

円筒形の細長い葉を株立ち状にたくさん上げます。

Part 7 かんたん＆かわいい 多肉植物、サボテン、エアプランツ

ドラセナ'ボンセレンシス'
D.'Boncellensis'

むっちりとした筒状の葉を放射状に広げ、グローブのような株姿。

ドラセナ・ゼイラニカ
D.zeylanica

濃緑の地にゼブラ模様の斑が入る、特に耐陰性が強いタイプ。

ドラセナ・ロブスタ
D.robusta

濃緑色のすらりとした葉を扇状に広げたシャープな株姿。

ドラセナ・トリファスキアタ'ハーニー'
D.trifasciata'Hahnii'

あまり伸びない葉を四方に広げる、コンパクトにまとまるタイプ。

ドラセナ・コンキンナ 'スモール スプーン'
D.concinna 'Small Spoon'

コンパクトな株姿で平たい葉はスプーンのよう。根が強く丈夫。

ドラセナ・バクラリス
D.bacularis

あざやかな緑色の細い筒状の葉を伸ばします。

ドラセナ・エーレンベルギー
D.ehrenbergii

葉を扇状に広げるタイプで、葉先はかぎ爪のような鋭さが。

ドラセナ 'キブ ウェッジ'
D.'Kib Wedge'

異種類の交配種で、細い葉と子株をよく吹くのが特徴的。

Part 7 かんたん&かわいい 多肉植物、サボテン、エアプランツ

アガヴェの仲間
Agave

科名：キジカクシ科
原産地：北〜中央アメリカ
耐寒性：ふつう〜強い
耐陰性：強い
置き場所：日なた〜明るい日陰

先が尖る多肉質な葉を放射状に展開します。高温で乾燥を好みますが、約6割の種類は−5℃の寒さまで耐えられるものも。花を咲かせると株は枯れてしまいますが、開花までに相当な時間を要します。花はロゼットの中心から伸びる花茎にたくさんつきます。

【管理】
生長は春〜秋型。日当たりの良い場所で乾燥気味に管理します。温暖地では露地植えができる耐寒性のあるものが多くあります。鉢植えの場合、根がいっぱいになったら春に鉢替えをします。その際、鉢の土を1/3ほどまで落とし、水はけの良い新しい土に植えかえます。

アガヴェ 白糸の王妃
A. filifera

草丈：20〜30cm
耐寒性：強い

細い葉の縁に白い繊維が糸のようにつく、繊細な印象の株姿。

アガヴェ・デスメティアナ
(ベネズエラ)
A. desmettiana

草丈：0.2〜1m
耐寒性：ふつう

比較的流通量が多く、斑入り種が人気。葉の縁にトゲがなく、黄覆輪が入り光沢があります。霜に当てると株が傷むので注意。

アガヴェ 笹の雪
A. victoriae-reginae

草丈：20〜30cm
耐寒性：強い

アガヴェの中で最も人気のある種類。成熟してくると筆でペイントしたような白い模様が入りユニーク。球形に育ちます。

アガヴェ 帝釈天
A. ghiesberghtii

草丈：20〜50cm
耐寒性：強い

濃いグリーンの葉と白いトゲのメリハリが魅力的で、葉先が特に鋭いタイプ。

ユーフォルビア・ステノクラダ
▽ Euphorbia stenoclada

科名：トウダイグサ科
原産地：アフリカ、マダガスカル
草丈：0.2～4m以上
耐寒性：弱い
耐陰性：ふつう
置き場所：風通しの良い明るい日陰

原産地では高さ約6mぐらいまで生長する植物で、鋭い棘がつく枝が特徴的。葉はつかず、黄色の小花を咲かせます。商品名で「銀角珊瑚」とも呼ばれています。

【管理】
生長は春～秋型。日当たりが良く風通しの良い乾燥している場所を好みますが、夏の強い直射日光は当たらないようにします。水は土が完全に乾いたらたっぷり与えますが冬は控えめにして。根が繊細なため植えかえはなるべく控えます。生長が遅いので、数年そのままで良いでしょう。植え替えや株分け、挿し木は、生長期である春～初秋に行います。キズがつくと白い樹液が出ます。これにふれるとかぶれたりすることがあるので注意して。

アエオニウム・アルボレウム
▽ Aeonium arboreum

科名：ベンケイソウ科
原産地：スペイン、ポルトガルなどの地中海西部
草丈：0.2～1m
耐寒性：弱い
耐陰性：ふつう
置き場所：冬・春・秋は日なた、梅雨時期～夏は風通しの良い日陰

ひょろりと伸びる茎の先に、ヘラ形の葉をロゼット状に展開。葉色も黒っぽいものから緑葉のもの、白や黄の斑が入るものなどがあります。茎の葉腋から伸びる花茎に、小花を円錐形につけます。

【管理】
生長は春・秋型。夏以外は日当たりの良い場所で育てます。日が当たると葉色が良くなりますが、暑さと寒さは苦手なので夏は風通しの良い涼しい半日陰で管理し、冬は霜の当たらない明るい屋内で管理します。鉢替えや株分け、剪定は秋～春の間に行って。切った枝は挿し木にすると良いでしょう。

アロエ・ディトコマ
▽ Aloidendron dichotomum

科名：ススキノキ科
原産地：南アフリカ
草丈：0.2～3m以上
耐寒性：弱い
耐陰性：ふつう
置き場所：風通しの良い明るい日陰

アロエの仲間の中で最も大きくなるタイプで、樹高約10mに育ちます。株が充実すると冬に茎頂から伸びる総状花序に黄色い花を咲かせます。

【管理】
生長は春～秋型。日当たりが良く風通しの良い乾燥している場所を好みますが、夏の強い直射日光は当たらないようにします。水は土が完全に乾いたらたっぷり与えますが、冬は控えめにして。植え替えや株分け、挿し木は、生長期である春～初秋に行います。

そのほかの多肉植物

Part 7　かんたん&かわいい　多肉植物、サボテン、エアプランツ

カランコエ・ベハレンシス 'ホワイト リーフ'
Kalanchoe behalensis 'White Leaf'

科名：ベンケイソウ科
草丈：0.2〜1m
耐寒性：弱い
耐陰性：ふつう
置き場所：風通しの良い明るい日陰

生長は春〜秋型。葉は若い時は淡い茶色の軟毛で覆われ、生長につれ毛がなくなり淡銀色がかった緑になります。

ガステリア 臥牛（がぎゅう）
Gasteria armstrougii

科名：ススキノキ科
草丈：約4cm
耐寒性：強い
耐陰性：ふつう
置き場所：風通しの良い明るい日陰

生長は春〜秋型。葉を左右に展開。株元に子株がたくさんでき、親株を持ち上げるように殖え生長します。

アロエ 'フラミンゴ'
Aloe 'Flamingo'

科名：ススキノキ科
草丈：20〜50cm
耐寒性：弱い
耐陰性：ふつう
置き場所：風通しの良い明るい日陰

生長は春〜秋型。オレンジの突起が灰色がかる緑の葉全体につき、秋に花を咲かせ、寒さで紅葉します。

カランコエ・ベハレンシス 'ファング'
Kalanchoe beharensis 'Fang'

科名：ベンケイソウ科
草丈：0.2〜1m
耐寒性：弱い
耐陰性：ふつう
置き場所：風通しの良い明るい日陰

生長は春〜秋型。グレーの軟毛で覆われた葉の新葉は赤褐色。品種名の意味は、葉裏に突起があることから。

ユーフォルビア・ラクテア
Euphorbia lactea

科名：トウダイグサ科
草丈：0.2〜1m
耐寒性：弱い
耐陰性：ふつう
置き場所：風通しの良い明るい日陰

生長は春〜秋型。本来3〜4稜ある球形ですが、これは綴化（てっか）して鶏冠状になったものを、別種に接ぎ木しています。

MEMO
【綴化（てっか）】
成長点が帯状に広がり、分裂組織に異常が生じて奇形になる状態。帯化（たいか）、石化（せっか、いしか）ともいう。

サボテン科の植物

ギムノカクタス 白鯱
Gymnocactus knuthianus

草丈：20〜50cm
耐寒性：強い
耐陰性：ふつう
置き場所：日なた

生長は春〜秋型。株姿は玉形になり、やわらかいトゲに覆われます。春〜初夏にかけ、ピンクの小さな花を開花。

エスポストア 幻楽
Espostoa melanostele

草丈：0.2〜1m以上
耐寒性：強い
耐陰性：ふつう
置き場所：風通しの良い明るい日陰

生長は春〜秋型。白毛をまとった柱サボテン。冷涼な気候の季節に生長。'老楽'というよく似た種類があります。

アストロフィツム 般若
Astrophytum ornatum

草丈：約1m
耐寒性：やや弱い
耐陰性：ふつう
置き場所：日なた(夏は遮光)

生長は夏型。暑さを好みます。生長するにつれ玉形から樽形、柱形に変化し、春〜秋に黄色い花を咲かせます。

アストロフィツム 兜
Astrophytum asterias

草丈：20〜30cm
耐寒性：やや弱い
耐陰性：ふつう
置き場所：日なた(夏は遮光)

生長は夏型。暑さを好みます。5または7,8稜の玉型。トゲは退化し綿状になり、肌に細かな点が星のように入ります。

ギムノカリキウム 緋牡丹錦
Gymnocalycium mihanovichii

草丈：約8cm
耐寒性：やや弱い
耐陰性：ふつう
置き場所：風通しの良い明るい日陰

生長は春〜秋型。柱状のサボテンに接いだ、緑の地に緋色やオレンジ、黄の斑が混ざる球状のサボテン。

MEMO
【接ぎ木タイプ】
土に植わっている台木となるサボテンに異なる種類を接いだもの。通常台木となるものは三角柱や竜神木といった柱状のサボテンで、この台木が土から水や栄養分を吸収します。形がユニークなので、オーナメンタルな存在感を発揮してくれます。

ティランジアの仲間

エアプランツ

Tillandsia

科名：パイナップル科
原産地：中南米
草丈：5～90cm
耐寒性：ふつう
耐陰性：ふつう
置き場所：明るい日陰

1 ウスネオイデス

銀葉種。スパニッシュモスとも呼ばれる、細い葉をつけた茎がふさふさと垂れ下げるタイプ。生長が早く、極端な乾燥を嫌います。

2 スカポーサ（コルビィ）

銀葉種。小型の株で、葉が同じ方向にカールし、ピンクがかった紫の花が楽しめます。低温や乾燥に比較的強く、暑さに弱い性質が。

3 'コットンキャンディ'

銀葉種。シルバーがかった葉色が美しく、ピンクの花苞と薄紫の花が愛らしい品種。丈夫で育てやすく、子株を出しやすい特長が。

4 ブラキカウロス

緑葉種。葉は明緑色やや肉厚でやわらかく、開花期に赤く紅葉し、紫の筒状の花を咲かせます。湿度の高い環境を好みます。

5 キセログラフィカ

銀葉種。シルバーグリーンの葉色が美しく、大きくカールする大型種。薄緑の花苞から薄紫の筒状花を咲かせます。

6 プンクツラータ

緑葉種。葉の向きが揃った大型種。先端が白い紫の筒状の花をつける赤い苞葉は、存在感が抜群。比較的湿潤な環境を好みます。

エアプランツ
ティランジアの仲間　　　　　　Tillandsia

原生地では多くの種類が、木の枝や岩などに着生して生育。根はそれほど発達しておらず、主に葉から水分を吸収することからエアプランツと呼ばれています。環境の違いにより、ふたつのタイプに分けられます。日に当たる場所に生育する「銀葉種」の葉の表面は「トリコーム」という無数の白銀色の毛に覆われています。一方、明るい日陰を好む「緑葉種」は毛に覆われておらず、ツルリとしています。どちらも、株が充実すると2～3年周期で花を咲かせます。

【栽培法】
銀葉種：明るい環境を好みます。夏の直射日光は避けて。乾燥に強い反面、長時間ぬれていると腐りやすいので、給水は様子を見て行って。
緑葉種：直射日光が苦手で明るい日陰を好みます。乾燥に弱いので、まめに霧吹きして吸水させるようにします。

7 ジュンセア（'ジュンシフォリア'）
銀葉種。トリコームが少なく明るい緑の細長い葉をすらりと伸ばす、涼しげなタイプ。丈夫で生長は比較的速め。紫の筒状の花を咲かせます。

8 ブルボーサ
緑葉種。細長い葉はうねり、株はツボ形になります。花苞や苞葉が赤く、花は紫でエキゾティックな趣。比較的水分を好み、強い日差しが苦手です。

9 テクトルム
銀葉種。長くふわふわとしたトリコームに覆われ、暑さと乾燥に強めですが、夏の直射日光は避けるようにして。美しい薄紫の花も楽しめます。

10 カピタータ
緑葉種。葉が厚く、株がしっかりとしたやや大型になるタイプ。開花期に株が赤やオレンジ、紫、黄に変化するものがあります。

11 フックシィ
銀葉種。針のような細い葉を放射状に広げ、繊細でコンパクト。赤い花茎から紫の花を咲かせるさまは、トロピカルな印象を漂わせます。

12 トリコロル
緑葉種。名前は赤×黄の苞、紫の花と3色あることから。葉はかたく、尖っています。明るい場所を好みますが、乾燥しないように注意して。

Part 7 かんたん&かわいい 多肉植物、サボテン、エアプランツ

多肉&サボテン&エアプランツと上手につき合う

個性的な姿と手入れの簡単さから人気を集めているのが、多肉植物やサボテン、そしてエアプランツです。とはいえ放置はNG。正しく管理して長くつき合いましょう。

日陰に置くとヒョロヒョロに

日照が足りないと徒長し、独特のぷっくりした姿が崩れてしまう。

多肉植物を室内に置くなら、日差しと風がたっぷり入る窓辺がベストな位置

多肉植物&サボテン

原産地に近い環境で育てよう

多肉植物やサボテンの主な原産地は、砂漠や高山地帯といった降水量が極端に少ない地域。厳しい環境に適応するため、蒸発を減らして体内に水を蓄える性質があるので、水の与え方に注意が必要です。室内の場合、基本的に生長期は1～2週間に1度、休眠期は1～2カ月に1度水を与えます。常にあたたかい室内で管理する場合は、休眠期でも本来より多めに水を与えましょう。

また、日照と通風も非常に大切。本来屋外向きの植物なので、1週間室内に置いたら3週間外に出すくらいのスタンスが無難です。

生長期によるタイプ分け

春・秋型	春～秋型	夏型
夏と冬は休眠し、春と秋に生長するタイプ。真夏と真冬は水やりを控える。エケベリアやハオルシア、セダムなどが代表的。	春から秋にかけて生長するが、夏は生長がやや鈍るタイプ。真夏と真冬は水やりを控える。クラッスラやアエオニウムなどが代表的。	暑さに強く、春から秋にかけて生長し、冬は休眠するタイプ。冬の休眠期には水やりを控える。アガヴェやカランコエなどが代表的。

※上記の分類はおおまかな目安です。種類により異なる場合があるので注意しましょう。

夏越し、冬越しのポイント

冬越し
体内に水分を多く含んでいるため、冬場は凍らないように管理するのが基本。室内ならさほど神経質にならなくてもいいが、寒冷地などでは夜は窓辺から離し、段ボールや発泡スチロールの箱をかぶせて保温しよう。

夏越し
特に多肉植物は高温多湿が苦手。また、真夏の直射日光で葉焼けするものも。風通しがいい場所で遮光しながら管理することが大切。無風で蒸れるようなら扇風機などを使い、水やりは夕方以降に行いたい。

植え替え・更新と病害虫対策

多肉植物やサボテンが根詰まりを起こすと、葉が枯れる、茎から根が出るといった症状があらわれます。これが植え替えのサインなので、ひとまわり大きな鉢に移しましょう。植え替えの頻度は1〜2年に1回ほど、季節は生長期の春か秋が好適です。

このとき、のびすぎた枝先や茎をカットして、挿し穂などで殖やすことが可能です。

なお、多肉植物は基本的に丈夫なものが多いのですが、管理が悪く元気が衰えると、病害虫が出やすくなるので注意しましょう。

植え替え
古い鉢から取り出し、新たな発根を促すため根を1cmほど残してカット。2〜3日乾かしてから新しい鉢に植えつければ、1カ月ほどで発根する。

植え替え時のサイン
- 鉢底穴から根が出てきた
- 風通しがいいのに葉が枯れ始めた
- 下葉が落ちて茎から根が生えてきた

株の殖やし方

挿し穂

木立ち状に育つタイプの多肉植物やサボテンに向く殖やし方。のびすぎて株姿を乱している茎を選んでカット。切り口から1cmほどの範囲にある葉を取り除き、2〜3日乾かしてから新しい土に挿す。

葉挿し

エケベリアなど、茎がのびない多肉植物に向く方法。葉をつけ根からきれいに取り、風通しのいい場所に置いておく。1カ月ほど経つと発根するので、根の部分だけをやさしく土に植える。

株分け

根を横にのばすタイプのセダム属や子株を出すアヴェベ属などに向く殖やし方。前者は根鉢をやさしく割って分割し、新しい土に植えればOK。後者は親株から子株を丁寧に引き離し、2〜3日乾かしてから植えつける。

土にはほどほどの保水性が必要
市販の多肉植物用の土は、水はけが良すぎる傾向が。草花用の土を使うと保水性が向上します。

多肉植物の主な病害虫と対策

病気

根腐病
土が湿った状態が長く続いたときに発生。根や葉が腐って株全体が枯れてしまう。早めに傷んだ部分をカットし、新しい土に植えて乾かしぎみに管理する。

黒点病
高温多湿や曇天が続く梅雨時から夏にかけて葉に黒い斑点があらわれる。枯死することはないが、黒斑が出た葉は治らないので、通風と日当たりを心がけて予防したい。

害虫

カイガラムシ
多肉植物の元気が衰えてくると、生長点や葉の根本などについて吸汁する。殺虫剤を散布し、虫が死んだことを確認してからピンセットやブラシで取り除く。

線虫
体長1mmほどの糸状の小さな虫で、吸汁の被害をもたらす。土の中にいるので、専用の殺虫剤を使っても退治は困難。植えつけ前に土を太陽熱で消毒することが大切。

Part 7 かんたん&かわいい 多肉植物、サボテン、エアプランツ

手間はかからないが環境を整えよう

エアプランツ

エアプランツの置き場所は、窓から1m以内の場所がベスト。直射日光が当たるようならレースのカーテンで遮光しましょう。冬の弱い日差しなら、直射日光が当たっても問題ありません。もともと風通しのいい木の枝に着生している植物なので、なるべく外に出して風に当らしっかりぬらす、メリハリのある管理を心がけましょう。また、「水やりは不要」と思われがちですが、水が不足すれば枯死します。ぬれたままだと腐るので、乾いた

エアプランツのタイプ分け

緑葉系
葉が緑色でツルッとした感触なのが特徴。直射日光が苦手で明るい日陰を好む。乾燥に弱いのでまめに霧吹きをして吸水させたい。

銀葉系
トリコームという毛で覆われている。明るい環境を好むが、夏の直射日光はNG。乾燥に強く、長時間ぬれていると腐りやすい。

洗面室で管理している例。光、水、風の3要素が満たされれば室内でも育てられる。

エアプランツが好む環境

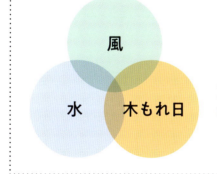

風・水・木もれ日

エアプランツは木もれ日のようなやわらかな光とそよ風、十分な水が大好き。この3つの条件を満たす理想的な環境で管理してあげましょう。また、ぬれっぱなしや極端な高温・低温を避けることも大切です。

エアプランツの管理

春と秋の生長期に薄めた肥料を与える
週2回くらい薄めた液肥を噴霧。3～4回に1回は水で葉の表面に残った肥料を洗い流す。

ソーキングでたっぷり吸水させる
極度に乾燥したときや数日出かけるときは、器に水を張り数時間浸ける。

霧吹きで1日に1回水を与える
株全体をしっかりぬらす。しばらくしたら逆さにしてよく水を切る。

多肉植物で寄せ植えを作ろう

個性豊かな多肉植物をアレンジメントでもっと魅力的に。多肉植物のプロに、寄せ植えの作り方や洗練されたレイアウトの例を教わりました。

> **教えてくれたのは…**
> **兼本亜紀さん**
> 「mori no butter」代表。奈良県橿原市を拠点に、多肉植物の仕入れや生産のほか、アレンジメントも手がける。多肉植物の苗は、ウェブショップ「BOTANICAL GREEN」「太陽と大地の恵み」を通して販売。

Container 1

緑の濃淡を楽しむハオルシアの寄せ植え

先のとがったかたい葉を持つタイプと、透けた葉の先から光を取り込むタイプのふたつの種類のハオルシア属を集めた、今どきのインテリアに似合うクールなアレンジ。窓辺など明るい半日陰で育てられるので、インドアグリーンに最適です。緑のグラデーションや葉の質感の違いを楽しんで。鉢は陶器のモスポットを使用。

1：ハオルシア 祝宴
2：アロエ 琉璃姫孔雀
3：ハオルシア 白水晶
4：ハオルシア 薄紫
5：ハオルシア 十二の巻
6：ハオルシア 松葉
7：ハオルシア 紫翠
8：ハオルシア 花鏡

ハオルシア・オブツーサ。限られた日当たりでも半透明の「窓」から光を取り込みます。

寄せ植えの基本手順

植え方のコツ3箇条

1. 高低差を意識して苗の組み合わせを選ぶ。
2. 植えつける前に仮置きしてバランスを見る。
3. 土が見えないようすき間なく植えておしゃれに。

【用意するもの】
・苗・鉢・培養土
・鉢底石・土入れ・ピンセット

3 苗を仮置きする
鉢の中に苗を仮置きし、レイアウトを決めます。色味や高さがバランス良くまとまるよう、配置を検討します。

1 鉢に鉢底石を入れる
水はけや通気性を良くするため、鉢の底が隠れる程度、鉢底石を敷き詰めます（底穴が大きい場合は初めにネットを敷いておく）。

4 ピンセットで位置を微調整
配置が決まったらいったん苗を取り出し、ピンセットで位置を整えながら土の上に並べて、植え込んでいきます。

2 培養土を入れる
土入れなどを使い、培養土を鉢の半分くらいまで入れます。土は苗を植えながら足すので、入れすぎないよう注意。

5 すき間に土を入れる
苗を植え終えたら、根が埋まるようにすき間から土を足して完成。苗がぐらつかないようにまんべんなく入れましょう。

Column
お手入れのコツ

| 植え替え・剪定 |
生長による寄せ植えのフォルムの変化を楽しむのもひとつですが、苗が暴れて全体が乱れてきたらそれぞれ鉢に植え替えて単独で育ててもよいでしょう。剪定して形を整える場合は、切った部分を利用して、挿し木や葉挿しで殖やすことができます。土に挿すだけで殖やせるのが魅力。

| 水やり・肥料 |
植えてから1週間は水やりを控えます。コンパクトに形を保ちたい場合は、水や肥料は控えめにしてよく日に当てて。逆に大きく育てたい場合は、水や肥料を与えます（あげすぎには注意）。

| 置き場所 |
基本は日当たりと風通しの良い屋外に置くこと。室内で楽しみたい場合も、なるべく日中は外に出してあげて。ただし、半日陰でも育つハオルシアは明るい窓辺など室内で育ててもOK。

Container ③
枝垂れるタイプで動きをつけ 淡いグリーンで涼やかに

花のような岩蓮華などをこんもりと植えつけ、かわいらしいイメージに。ぷっくりしたタイプだけでなく細い葉のクラッスラ 姫緑を差し込んで変化をつけ、ツル性のセネシオ グリーンネックレスを鉢からこぼれさせて動きを出しました。フレッシュなグリーンの色づかいが涼やかな印象です。鉢は陶製のコンポート。

1：オロスタキス 岩蓮華
2：パキフィッツム・フーケリー
3：セダム・プロリフェラ
4：クラッスラ 星の王子
5：セネシオ グリーンネックレス
6：セダム 黄麗
7：クラッスラ 姫緑
8：セデベリア 樹氷
9：セダム 天使の雫
10：セデベリアレティジア
11：セダム トレレアセイ
12：セデベリア 'ファンファーレ'
13：エケベリア 静夜

Container ②
大きなロゼット型を主役に ブーケ風に上品にまとめて

バラの花を思わせる大きなエケベリア'ローラ'を中心に、花に似たフォルムの品種を集めてブーケのように仕立てました。背の高いカランコエ 月兎耳を左に配して、高さと流れも意識。白みがかったブロンズや緑の葉が、エレガントな脚つきのブリキ製プランターに似合います。

1：エケベリア 'ローラ'
2：パキフィッツム 桃美人
3：アエオニウム 愛染錦
4：カランコエ 月兎耳
5：セデベリア 樹氷
6：セダム・プロリフェラ
7：セダム 白雪ミセバヤ

Part 7 かんたん&かわいい 多肉植物、サボテン、エアプランツ

Container ④
トーンを落とした赤で大人っぽくアンティーク調に

ブロンズ系の品種を生かし、シックな赤で大人っぽくまとめました。さびたような色味がブリキの鉢にマッチ。紅葉した葉に白い小花をつけたクラッスラ 紅稚児を背景に配し、可憐さをプラスしました。斑紋のあるアドロミスクスや先のとがった センペルビウム 大紅巻絹など、ユニークなラインナップも見どころ。

1：センペルビウム 大紅巻絹
2：パキフィッツム・フーケリー
3：グラプトペタルム 'ブロンズ姫'
4：クラッスラ 星の王子
5：アドロミスクス
6：エケベリア 'ミニベル'
7：エケベリア 'ブラックプリンス錦'
8：クラッスラ 紅稚児
9：パキフィッツム 千代田の松

Container ⑤
さまざまなカラーを取り入れたにぎやかなアレンジ

真っ赤なクラッスラ 火祭りを差し色に、黄色、緑、ブロンズと、カラフルな色づかいが魅力的。バスケット状の器なので、ココヤシファイバー（水ゴケでもOK）を敷いてすき間を埋めてから土を入れます。ランナーをのばして先に子株をつけるセダム・プロリフェラを縁に植え込み、生長する様も楽しい寄せ植えに仕上げました。

1：エケベリア 'ローラ'
2：エケベリア 桃太郎
3：セダム・プロリフェラ
4：グラプトペタルム 'ブロンズ姫'
5：セデベリア 'ハンメリー'
6：セダム 黄麗
7：クラッスラ 火祭り
8：クラッスラ 小米星
9：セデベリア 樹氷
10：エケベリア 群月花
11：グラプトベリア 薄氷
12：グラプトベリア 'デビー'
13：エケベリア・リラシナ
14：グラプトベリア 白牡丹
15：セダム 乙女心
16：エケベリア・リンゼアナ
17：コチレドン 福娘

マミラリア 金洋丸

くすんだグリーンが渋い雑貨とマッチ

サボテンや多肉植物を古びた雑貨とディスプレー。コロンとしたサボテンを小さなカップに植えて、雑貨となじませて。

多肉植物&エアプランツのディスプレー術を学ぼう

作りもののような愛らしいフォルムや、どんなシーンにもなじむニュアンスのある色——多肉植物やエアプランツは雰囲気を高めるためにもってこいのグリーンです。

多肉植物 編

ユーフォルビア 峨眉山鉄甲

個性的なフォルムを生かしオブジェ感覚でレイアウト

楽しさを加えるユニークな姿のグリーンを添えて

暮らしを彩るアイテムを並べた飾り棚。アクセントになるグリーンには、形がユニークなユーフォルビアを選び、遊び心を加えて。

ジグザグサボテン

ホヤ・リネアリス

個性的なリーフを合わせシーンの印象を深めて

アイアンのハンギングにホヤをハンギング。まわりにはジグザグサボテンやドラセナをあしらい、変化に富んだコーナーに。

コチレドン 熊童子

青々とした彩りでシーンを明るく

落ち着いた佇まいのアイテムにグリーンをひと鉢添え、瑞々しさをプラス。マットな質感の葉は、悪目立ちしません。

寄せ鉢や寄せ植えで組み合わせを楽しんで

Part 7 かんたん&かわいい 多肉植物、サボテン、エアプランツ

ユーフォルビア 白樺キリン
カランコエ・ベハレンシス 'ホワイトリーフ'
ウェベルバウエロケレウス 金彩閣

右から
クラッスラ レモータ
エケベリア 霜の朝
エケベリア 紅司
カランコエ 胡蝶の舞
クラッスラ ロゲルシー
グラプトベリア 初恋
ハオルシア 十二の巻

クラッスラ 若緑

色を最小限に絞り、すっきりと見せて
多肉植物の寄せ植えや、幹を曲げてのびるサボテン、エアプランツなど、多種類を寄せたディスプレー。鉢の色のトーンを揃えてごちゃついた印象を軽減

クラッスラ 姫花月
アエオニウム 黒法師

棚で高低差をつけ目を引くコーナーに
異国情緒あふれる植物を集め、エスニックにまとめたコーナー。ドライエリアの風景を彷彿とさせる技ありコーディネート。

エケベリア 群月花
クラッスラ 紅葉祭り
セネシオ クラシハマタ
セネシオ ルビーネックレス
クラッスラ ゴーラム
クラッスラ 若緑
クラッスラ 南十字星

セネシオ 青涼刀
エケベリア 白牡丹
エケベリア 紅司
セネシオ マサイの矢尻
クラッスラ 若緑

美術品のように飾りその美しさを堪能
船形の鉢に寄せ植えした彩り豊かな多肉植物。いろいろなものと合わせずにすっきり置いて、フォルムや色を楽しんでいます。

エアプランツ編（ティランジア）

土が不要な分自由に飾って楽しめる

フックシィ・グラリス

テクトルム

大小のエアプランツで軽やかなディスプレーに

古木の天板に、2種類のエアプランツとサボテンをバランス良く並べただけで絵になります。ガラスのケースやシャーレで透明感をプラス。

キセログラフィカ

フェミニンなシーンにはやわらかい質感のタイプを

オフホワイトにしつらえた空間の棚に、大型種キセログラフィカをプラス。器やドライフラワーと合わせて、やさしい雰囲気でまとめて上げています。

イオナンタ

ボリュームのある株でシーンの印象を強めて

たくさんの子株を出してボール状になった株を、オーナメントのようにあしらい印象的に。シックなコーディネートに、ほど良いつややかさを添えています。

Part 7 かんたん&かわいい 多肉植物、サボテン、エアプランツ

テクトルム

少し高さを出すだけで存在感がより高まる

透明感のある銀葉種で優雅さをアップ
雪の結晶のような銀葉のテクトルムを、白くペイントした木のキャンドルスタンドの上に。下に敷いたレースと相まって、フェミニンな印象にまとまっています。

キセログラフィカ

シルバーリーフがサニタリーの清潔感をアップ
グラスにキセログラフィカを入れて、洗面台の彩りに。コットンのようなやわらかい質感が、この空間にぴったりです。

カプトメドゥーサエ

植物の標本を眺めているような楽しい演出に
多様なエアプランツを結わいつけた流木を壁にハンギング。ひもはマスキングテープで壁にとめるだけとシンプルな手法。

流木に着生させてワイルドな姿を楽しむ

テクトルム（有葉タイプ）

ブッツィー

原生地を思わせる野生味あふれるあしらい
アイアンのスタンドに流木をラフに置き、2種のエアプランツでワイルドにコーディネート。銀葉種と緑葉種の両方を並べ、色味に変化をつけて。

エアプランツ編

枝垂れる草姿を生かして動きのあるコーディネートに

ウスネオイデス

ふわりと下がるシャビーな姿は古びた雑貨との相性抜群

ラダーを使ったディスプレーを、ウスネオイデスを吊り下げたパーテーションでやんわりと囲んで。アンティークタッチの雑貨類とみごとにマッチさせています。

ウスネオイデス

枝に引っ掛けただけでおしゃれな飾りに

ウスネオイデスを数束ワイヤーで枝に下げただけで、オーナメントのようなおしゃれな雰囲気に。風通しが良く生育良好。

ガラスの器に入れて透明感のあるシーンを演出

ジュンセア（ジュンシフォリア）
チャルタセア
ウスネオイデス

小さなガラスの器に切り花を生けるように飾って

リビングの横長のニッチにオーナメントとエアプランツをディスプレー。ジュンシフォリアを2連の器に挿して、直線的なラインを際立たせています。

ストリクタ

ピンクの花穂がシーンのワンポイントに

ガラスのオーナメントにストリクタをひと株入れて。巣から小鳥が顔を出すように、中から飛び出すピンクの花穂がキュートな印象。

TIPS

こんなときどうする？
インドアプランツQ&A

インドアグリーンを育てていて
よくある質問・疑問を、解説とともにご紹介します。

〈観葉植物編〉

Q1 購入後、ベンジャミンの葉が落ちてしまいました。

数日経ったら

葉が黄色くなって

パラパラと落ちました

A　ショップで購入して自宅などで育て始めると、環境の違いにびっくりして葉を落とすことがあります。特に日照や温度などの変化に敏感なベンジャミンやポリスキア、シェフレラなどがこのような症状を起こす傾向がありますが、これは生理現象。新しい環境に順応しながら、あたたかい時期なら1カ月ほどで新しい葉を出し始めるので、適切な管理をして待ちましょう。

購入直後

Q2 ゴムノキを窓辺にしばらく置いていたら、枝葉のバランスが悪くなってしまいました。どうすればいいの？

A 植物は光を求めて生長するので、茎が窓側の方向に曲がったり、葉がすべて同じ向きになったりします。こうならないように鉢の向きをときどき変えて、まんべんなく株に日を当てるようにしましょう。バランスが悪くなってしまった場合は、今まで光が当たっていなかった方に光を当てるように置いて、株姿を整えます。

南側にすべて葉を向けたゴムノキ。葉が立ち、薄っぺらい株姿になっている状態。

幹の下の方から細い気根を出したフィカス・ウンベラタ。幹の上の方からは発根しない。

Q3 フィカス・ウンベラタの茎部分やセロウムの株元から根が出てきました。どうすればいいの？

A 空気中の湿度が高いと、フィカス類やフィロデンドロンなどは茎から根を出します。これは「気根」という根の一種。水分を吸収するほか、木立性のものは自身の支柱にしたり、ツル性のものは近くの樹木などに張りついたりするためにも気根を出します。

気根を生かしてワイルドなシーンを楽しむのもいいですが、フィロデンドロンなどの着生植物の気根は、床などにつくとその場に張りつく場合があるので注意して。邪魔な場合は適当なところで切ってしまって問題ありません。また気根をつけて株分けや挿し木をすると、簡単に活着させることができます。

瑞々しい気根をぐんぐんとのばすセロウム。埋めるスペースがあれば埋めてしまってもOK。

TIPS

光、水、栄養が足りず、やや徒長気味のウンベラタ。赤い線部分でカットするといい。

Q4 フィカス・ウンベラタが徒長してしまいした。どうすればいいの？

A 植物が弱々しく間のびした状態を徒長といいます。日照不足になると光合成できずに枝葉が充実しない状態となり、光を求めて茎や枝をのばすので、弱々しくなり間のびしてしまいます。このような株は組織がやわらかくなって、病害虫に侵されやすくなるので、仕立て直しが必要です。

徒長した枝は健康な状態には戻らないので、切り戻しをして日当たりの良い場所でしっかりとした新しい芽を出させるようにします。ただし、暗い場所から明るい場所にいきなり出すと、葉焼けを起こしたり枯れたりする場合があるので、徐々に慣らすようにしましょう。

貯水葉がまだ緑のもの / 胞子葉 / 貯水葉

貯水葉が茶色になったもの

Q5 ビカクシダの株を包んでいる葉が茶色くなりました。切り取った方がいい？

A ビカクシダには、「貯水葉」と「胞子葉」の2種類の葉があり、それぞれに大きな役目があります。株を包んでいるのは貯水葉。初めは緑色ですが、しばらくすると茶色に枯れていきます。しかし、茶色くなったからといって取り除くのは厳禁。この貯水葉は、株の水分や養分を蓄える役割を果たすのです。貯水葉は上部が開くようについているため、雨水はもちろんのこと、木の上などから落ちてくる葉や鳥の糞、虫の死骸などを集めます。以前に枯れた貯水葉も含め、これらが株の上で分解されて養分として吸収されます。一方胞子葉とは、シカの角のような形の飛び出した葉のこと。これは、胞子をつけるためのもので、「繁殖葉」とも呼ばれます。この葉が茶色くなった場合は、葉のつけ根で切り取りましょう。

Q7 観葉植物を置いた床がベタベタしているんだけど……。

A 原因は葉裏や茎についたカイガラムシで、その排泄物が葉や床に落ちてべたつくのです。この排泄物はそのままにしておくとカビがなどが発生する原因となるので、早めに洗い流すかふき取るようにします。カイガラムシ自体は少量であれば、ぬれティッシュなどで丁寧にふき取り、大量に発生した場合は植物を外に出して、殺虫剤を散布するといいでしょう。

Q6 寄せ植えにした植物の元気がなくなってきました。ずっと寄せ植えしたままでいいの？

A ひとつの鉢に多種類の株が寄せて植えられている寄せ植え。基本的に性質が似ているものが合わせてあるものですが、しばらくすると生育の強弱や速さの違いで全体のバランスが崩れるほか、根詰まりを起こすことも。こうなると見苦しいばかりか弱いものが枯れてしまうので、生長期に分解してそれぞれ別の鉢に植え替えて管理するようにしましょう。

〔イメージ写真〕

樹高があるとなかなか葉を間近で見ることができないので、知らず知らずに害虫が発生し、被害が広がってしまっていることも。こまめにチェックをしましょう。

〔イメージ写真〕

初めはこんなにきれいな寄せ植えも、いずれは形が崩れるので植え替えを。(寄せ植え製作：the Farm UNIVERSAL chiba)

〈多肉植物・サボテン編〉

Q9 サボテンは水耕栽培できますか?

A サボテンは過湿が苦手な植物です。水はけが悪い土で育てると根のまわりに水がたまり、雑菌が繁殖して枯れてしまいます。でも、いつも水が新鮮であれば水耕栽培が可能。水温が上がらないように涼しい場所で管理し、5〜7日に一度水を替えるようにします。生長期にごく薄い液肥を混ぜると生長が速くなります。

手順はまず、ポットから出したサボテンの土を落とし、きれいに洗った根を半分くらいにカット。1〜2日乾燥させたら、適した器に入れて飾ります。根は少し水に触れる程度の水位を維持するようにし、サボテンの株自体が水につかないように気をつけます。

生長期は給水のスピードが速いので、器内の水の状態をこまめにチェックして。

Q8 毎日外に出した方がいいですか。

A 多肉植物やサボテンは基本的に屋外で育てるべき植物。毎日は、外に出さなくても大丈夫ですが、できるだけ長時間屋外に出して日に当てたほうが生育が良くなります。特にベンケイソウ科は日照を必要とする植物なので注意して。寒冷地など、冬場に外での管理が厳しい場合や、どうしても室内で育てたい場合は、なるべく日当たりのいい窓辺か、多肉植物専用のLEDライトなどで照射するといいでしょう。

ベランダなどで育てている株と、ときどき交換をするといい。

〔イメージ写真〕

コンパクトな多肉植物専用のLEDライトを使って、冬でも元気に栽培。(写真提供:カクトロコ)

インドアグリーンを楽しむための
定番グッズ

インドアグリーンを育てる際に必要な、基本となる道具を紹介します。

ないと非常に不便
マストアイテム

水やりなどの日常的な手入れのほか植え替え、剪定など必要に応じて行う作業になくてはならない道具です。揃えておくと良いでしょう。

霧吹き
加湿のほか、害虫予防の効果もある「葉水」をする際に重宝する。

ジョウロ
鉢の大きさや数によって必要とする水の量が異なり、必要なジョウロの大きさもかわってくる。鉢が小さい場合は、株元を狙いやすい水差しタイプが便利。

スコップ、フォーク
植え替えや株分け時にかたくかたまった根鉢を割ったり、根をほぐしたりするのに使う。

土入れ
植えつけや植え替え時に使う、培養土をすくいやすい。

剪定バサミ
太い枝の剪定などに欠かせない剪定バサミ。切り口をきれいに一気にカットできる。

万能バサミ
花がら摘みや切り戻しなど、日々の細かい作業に向く、刃先が細いハサミ。

ビギナーさんにおすすめ!
便利なアイテム

生育に適した温度や水やりのタイミングをはかる土の湿度など、初心者では感覚をつかむまで時間がかかるもの。これらがあると安心。

温度計
寒さが厳しいエリアでは、朝夕に温度が下がりやすく、こまめなチェックが必要。

水分計
土に挿して土中の湿度をはかるもので、ドライ、適度、ウェットの表示が出る。

Part 8

人気店が教える寄せ植えテクニック

グリーンが主役のコンテナガーデン

観葉植物が主役の寄せ植えは、見ごたえ十分。
人気のショップに絵になる寄せ植えのプランを提案してもらいました。
基本のテクニックや管理のコツまで伝授します。

教えてくれたのは…
森本稔さん
「the Farm UNIVERSAL chiba」スタッフ。売場責任者として、お客さまの相談にも対応してくれます。

寄せ植え作りの前に知っておきたいこと

まずは、寄せ植えの基本的な作り方、管理方法をレクチャー。初心者の方でも作りやすい、小さな鉢を例に教えていただきました。魅力的なリーフを組み合わせたプロならではのアレンジを参考に自分だけのひと鉢を作り上げてみましょう。

【用意するもの】

苗／鉢／鉢底石／培養土／鉢底ネット／水ゴケ／土入れ

鉢底石
排水性を高めるために鉢底石は必ず入れます。

観葉植物の培養土
植物性の土はにおいがなく、虫を寄せつけません。

寄せ植えの基本手順

植え方のコツ3箇条

1. 高さのあるものは後方、枝垂れるものは前方に。
2. バランスを考え、苗は奥から植えつける。
3. 想像以上に土が入るので指で押してしっかりと。

3 苗の根をほぐす
苗をビニールポットや鉢から抜き、根の外側についた土を落とします。根が張りすぎている場合は棒などでほぐしておくこと。

2 鉢底石と培養土を入れる
鉢底ネットが見えなくなる程度に鉢底石を入れ、その上から観葉植物用の培養土を入れます。

1 鉢穴を鉢底ネットでふさぐ
鉢穴の大きさに合わせてカットした鉢底ネットを、鉢穴の上に置いて土がこぼれないようカバーします。

6 水ゴケでマルチングを
充分に水を含ませて、軽くしぼった水ゴケを土の上にのせると乾燥防止と見映えアップに。

5 土を入れる
残りの苗もバランスを見ながら配置し、すき間に土を入れます。思ったよりも土が入るので指で押しながらしっかりと入れること。

4 苗を配置する
鉢の正面と苗の向きを確認し、高さのある苗からバランスを見て配置します。

Column
お手入れのポイント

植え替え
根がまわると根腐れの原因に。大きく育ってきたら苗をわけて単独で育てるか、大きめの鉢に植え替えて寄せ植えをし直して楽しんで。

水やり・肥料
水やりは土を触って乾いていれば、たっぷりと与えます。肥料は、葉の色が薄くなったら固形肥料を与えるようにしましょう。

置き場所
日の当たる、風通しの良い窓際がベストな場所。夏場は直射日光を避け、レースのカーテンごしの日が当たるところで管理すると良いでしょう。

Container Garden

シェフレラ・エリプティカ

ピレア'エデン'

ミカニア・デンタータ

close up!

さみしくなりがちな根元には
ボリュームを持たせて

シェフレラ・エリプティカの根元を、こんもりと彩る細かなリーフ。草姿が乱れてきたらこまめにカットしてコンパクトにまとめましょう。

葉のニュアンスで際立たせる
シンプルなあしらい

やわらかな動きをもたらすピレアとかたく存在感のあるミカニアといった、ふたつの葉の質感の違いに注目し、表情の変化を楽しめる寄せ植え。グリーンのグラデーションで深みもプラスしました。丸みのある鉢は愛らしく、安定感のある印象です。

1：ピレア'エデン'
2：ミカニア・デンタータ
3：シェフレラ・エリプティカ

ピレア・ディプレッサ

ペペロミア・プテオラタ

フィカス・ルビギノサ

close up!

アクセントとなる葉色を取り入れる

赤紫の茎とストライプの葉色が特徴のペペロミア。個性的なグリーンをプラスすると一気に華やぎ、存在感のあるひと鉢に。

葉の色や形にメリハリをつけ基本を学ぶベーシックな寄せ植え

葉の大中小を鉢の奥から順番に植えつけたベーシックな組み合わせ。葉の輪郭をきれいに出すため、引き締め効果のある黒鉢を選びました。鉢の色に対して植栽が軽くならないよう、葉のボリューム感が出るピレアやペペロミアなどを合わせています。

1：ピレア・ディプレッサ
2：ペペロミア・プテオラタ
3：フィカス・ルビギノサ

Part 8 グリーンが主役のコンテナガーデン

ダイナミックで
野趣あふれるアレンジ

流木の木肌と葉色のコントラストが美しく、メリハリのある印象の寄せ植え。草姿を生かしたのびやかなフォルムがさわやかです。ライムグリーンや斑入り種などの明るい葉色は表情に変化がつけられ、飽きのこないデザインに。

1：フィロデンドロン・オクシカルディウム
2：シェフレラ・アルボリコラ'コンパクタ クイーン'
3：シェフレラ・ウェヌロサ

フィロデンドロン・オクシカルディウム

シェフレラ・アルボリコラ'コンパクタ クイーン'

シェフレラ・ウェヌロサ

流木をオブジェに ワイルドに仕上げて

植栽を施したあとに、バランスを取りながら場所を決めて流木を配置します。流木は植栽にもたれないよう、しっかりと土に埋め込んで。

縦のラインを意識した植栽は動きのあるフォルムが特徴

手前にパルテノシッサス'シュガーバイン'を垂らし、奥にフィカス・ルビギノサを配したことで、縦のラインが強調され、スタイリッシュな印象に。スリムな寄せ植えは置き場所を選ばず、限られたスペースでも飾ることができるのでおすすめです。

| 4 | 3 |
| 2 | 1 |

1：パルテノシッサス'シュガーバイン'
2：フィロデンドロン'シルバー メタル'
3：プテリス
4：フィカス・ルビギノサ

ふんわりと広がる草姿でボリュームを持たせる

草のような姿で生長していくプテリス。やわらかな葉を広げてボリューム感を演出でき、ナチュラル感あふれる魅力的な風情になります。

フィロデンドロン'シルバー メタル'

プテリス

パルテノシッサス'シュガーバイン'

フィカス・ルビギノサ

152

Part 8 グリーンが主役のコンテナガーデン

あざやかな葉色を差し色に取り入れてエキゾティックな趣に

特徴のある樹形を生かしたフィカス・ルビギノサを軸に、ドラセナ・コンキンナやネフロレピスなど個性的なフォルムの葉を巧みに組み合わせて、立体的な仕上がりに。カラーリーフを加えることで、ぐっとつやっぽさが増します。

1：フィロデンドロン'サン レッド'
2：フィロデンドロン'シルバー メタル'
3：ネフロレピス
4：ドラセナ・コンキンナ
5：シェフレラ・アングスティフォリア
6：フィカス・ルビギノサ

close up!

変化する葉色は生長段階でも楽しめる

赤から黒へと葉色を変化させるフィロデンドロン'サン レッド'。赤葉はアクセントになり、やがて変色するシックな黒みを帯びた葉は全体を引き締めてくれる効果が。

フィロデンドロン'シルバー メタル'

フィカス・ルビギノサ

ネフロレピス

フィロデンドロン'サン レッド'

シェフレラ・アングスティフォリア

ドラセナ・コンキンナ

ミクロソルム・
ディベルシフォリウム

シェフレラ・アルボリコラ
'コンパクタ クイーン'

エバーフレッシュ

フィカス・エラスティカ
'バーガンディ'

フィカス・ベンジャミナ
'スターライト'

ビカクシダ

水苔×ウッドチップで
マルチングを施す

乾燥防止だけではなく、見映えも良いので根元のマルチングは必須。水ゴケでやや底上げをし、上からウッドチップを重ねると、自然素材の組み合わせがおしゃれなマルチングに。

close up!

ダイナミックな大鉢に
豊かな森を表現して

高さのあるエバーフレッシュは、枝ぶりを生かしつつ後方に植栽。手前には枝垂れるミクロソルム・ディベルシフォリウムやシダ、葉にかたさのあるシェフレラなどをバランス良く配し、緑あふれる森をイメージしています。

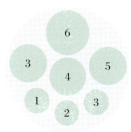

1：ビカクシダ
2：ミクロソルム・ディベルシフォリウム
3：フィカス・ベンジャミナ'スターライト'
4：フィカス・エラスティカ'バーガンディ'
5：シェフレラ・アルボリコラ
　　'コンパクタ クイーン'
6：エバーフレッシュ

Part 9

素敵なディスプレーと品揃えが魅力

センスを学びたい ショップガイド

まねしたくなるおしゃれなディスプレーと、
多岐にわたる品種の品揃えが魅力のショップを紹介します。
スタッフおすすめの品種や、グリーンに合う雑貨も参考になるでしょう。

 東西の注目ショップから
ウェブショップまで紹介

East
- Green Gallery GARDENS
- 草花屋 苔丸
- からならの木
- the Farm UNIVERSAL chiba
- NEO GREEN
- WORLD GARDEN
- プロトリーフ　ガーデンアイランド玉川店
- サボテンランド　カクト・ロコ

West
- the Farm UNIVERSAL osaka
- cocoha
- cotoha
- garage
- 植物屋 風草木

Web
- BOTANICAL GREEN
- AYANAS
- APEGO

East 1 Green Gallery GARDENS

定番から珍しい品種まで
植物も雑貨も豊富に揃う

定番の観葉植物はもちろん、入手困難な珍しい品種、また大型の庭木や珍しい多種多様な草花、宿根草も豊富。ヨーロッパから直輸入したガーデン雑貨やアンティークも取り扱っています。バイヤーの厳しい目で選んだ花苗は生育が良く、しっかりと丈夫に育つと評判。同じ敷地内にカフェやマルシェ、観賞魚専門店があり、一日中楽しめる空間です。定期的にワークショップを開催中。

DATA
東京都八王子市松木15-3
☎042-676-7115
営10:00～19:00
火曜のみ17:00閉店
休なし
http://www.gg-gardens.com/

季節にぴったりの観葉植物が中鉢から大鉢まで揃っている店内。

Pick up! インドアグリーンの特性を生かし水槽の中に小宇宙を

今人気の水槽の中に風景をつくるパルダリウム。植物の生長した姿を想像しながら、陰になる部分には日陰に強いグリーンを植えて。

Pick up! 照明や小物を用い、展示の雰囲気をチェンジ

あたたかな色味の照明でライトアップし、グリーンコーナーをよりやわらかい雰囲気に。動物モチーフの小物を一緒に並べ、かわいらしく。

おすすめの雑貨

プランツテーブル&ポットセット

テーブルと鉢を兼ね、気軽にお茶が楽しめるすぐれもの。

おすすめの植物

モンステラ

葉の形が個性的で、日陰にも強く室内で育てやすい。

フィカス・アルティッシマ'ヴァリエガタ'

ゴムの仲間で育てやすく、明るい葉色が人気。

East 2 草花屋 苔丸

葉の形や質感にこだわった個性的な植物に出会える

DATA
神奈川県鎌倉市鎌倉山2-15-9
☎0467-31-5174
営10:30～19:00
休火曜
http://www.kokemaru.net/

葉のフォルムや質感、濃淡にまでこだわった植物が充実しています。春秋は山野草、夏は観葉植物、冬はドライフラワーと、季節によってラインアップが変化し、何度訪れても飽きません。個性的で希少価値の高い植物たちに出会えます。切り花、草花苗、ラン、アンティーク雑貨など幅広い品揃えも魅力。絵本に出てきそうな建物や雰囲気にも心躍ります。中庭にはサンルームも広がり、一度は訪れてみたい空間です。

Pick up! たくさんの植物を吊るし心弾む空間に
窓際のディスプレーは、複数の鉢を窓辺に飾ったり、ハンギングしたりすることで、楽しげな雰囲気を提案。

Pick up! くつろぎのスペースに大きなサイズのグリーンを
ソファの近くに存在感のあるサボテンや葉の大きなビカクシダを飾ることで、リビングのアクセントに。

全体の調和を大切にしたディスプレーで、個性的な植物がすっきりと並ぶ。

おすすめの雑貨

プロペラの先端のコンテナ
プロペラの先端パーツを鉢にした斬新さはインパクト大。

おすすめの植物

オエセオクラデス・スパツリフェラ
ふくらんだ幹ときれいな発色の垂れ下がる葉が特徴的。

アングレカム・ディスティカム
ユニークな葉の形と、白い小さな花がかわいらしい。

East 3 からならの木

育てやすさの工夫が詰まった品揃えとディスプレー

育てやすい植物中心の品揃えがうれしいインドアグリーンとガーデンデザインの店。植物の生育環境に合わせた店内配置で、日当たりを好むタイプは窓辺に置くなどされ、選びやすくディスプレーが工夫されています。また、自宅での置き場所や日当たりから植物をチョイスし、管理する方法についてもアドバイスを受けることができます。きれいに飾るための鉢カバーなど、充実した品揃えです。

DATA
東京都渋谷区上原1-7-2 島田ビル1階
☎03-3465-3667
営 月・水・日　12:00～18:00
　 金・土　　　12:00～19:00
休 火・木曜
※臨時休業あり
http://www.karanara.com/

Pick up! いろいろな葉を組み合わせ、鉢にも空間にも動きを
ひとつの鉢にさまざまな形の葉の植物を植え、横の広がりと下にのびるラインを強調。鉢にも空間にも、ボリュームと動きが出る。

鉢カバーと組み合わせて展示され、お気に入りがあればその場で植え込みも可能。

Pick up! フラワーベースの高さを生かし植物に目線がいく演出を
細長いフラワーベースを利用して目線を上げ、さりげなくも印象的な演出に。仕切りの壁に並べることで邪魔にならない。

おすすめの雑貨

ウッド鉢カバー

縁のデザインが美しい、魅力的なカバーで個性を表現して。

おすすめの植物

ティランジア類

ガラス器のアレンジでよりスタイリッシュなイメージに。

リプサリス類

水やりの頻度が少なく、やわらかい日当たりを好む。

East 4 the Farm UNIVERSAL chiba

すべての人が緑を楽しめる工夫とスポットが充実

DATA
千葉県千葉市稲毛区長沼原町731-17
フレスポ稲毛　センターコート内
☎043-497-4187
営10:00〜19:00
（12-2月 10:00-18:00）
休不定休
http://the-farm.jp/chiba/

大人から子どもまで楽しめる「食べる」「遊ぶ」「買う」「学ぶ」「撮る」の要素が詰まったガーデンセンター。カフェや遊び場が併設され、緑に囲まれた空間で、生産者から直接仕入れた観葉植物や、珍しい多肉植物や草花、ポットなど自分のお気に入りをゆっくりと探せます。つい写真を撮りたくなるコーナーも多数。栽培に関する相談も随時受けつけています。緑のある生活を送りたくなるスポットです。

さまざまな植物がハンギングされ、展示された空間は思わず写真に撮りたくなるほど。

Pick up! 吊るすテラリウムで空間に動きや面白さを
多肉植物をハンギングタイプのテラリウムに入れ、壁のおしゃれなインテリアに。全体での色味を考えて植物をコーディネート。

Pick up! 部屋全体の演出は鉢カバーのチョイスがポイント
リビングに大きな植物の鉢をずらっと並べ、緑あふれる空間に。テーブルやソファは鉢カバーを揃え、マットで差し色をプラスして。

おすすめの雑貨

イコサヘドロンフレーム
幾何学的なフレーム。エアプランツと組み合わせて。

おすすめの植物

パキポディウム・ビスピノサス
ずっしりとした幹が特徴的。日当たりを好み、育てやすい。

ティランジア・ウスネオイデス
ふわふわとした葉で、吊るすだけでおしゃれな雰囲気に。

E_{ast} ⑤ NEO GREEN

植物とポットの組み合わせで特別なひと鉢との生活を

DATA
東京都渋谷区神山町1-5
グリーンヒルズ神山1階
☎03-3467-0788
営12:00〜20:00
休月曜 ※祝日の場合は火曜
http://www.neogreen.co.jp/

観葉植物や多肉植物に加え、盆栽が並ぶラインアップは和洋折衷で、独特な世界が広がります。あわただしい生活の中で「ひと鉢に向き合う時間をもってほしい」というオーナーの思いから、陶器鉢に植え替えたグリーンライフを提案。アンティークの什器やオーナー自らが骨董市で集めた器など、鉢へのこだわりも魅力です。店内には園芸書ではなく、植物を軸にセレクトされたブックコーナーもあります。

オーナーが骨董市で集めてきた器がプラスされ、ラスティックな雰囲気の店内に。

Pick up!
ポットのカラーをまとめ葉の違いを楽しむ

同じコーナーに複数の植物をまとめる場合、鉢の色を統一するとまとまりやすく、それぞれの葉の違いが引き立ち、美しい。

Pick up!
葉のフォルムや質感を意識し、表情豊かに

複数の植物を置く場合、葉色や葉の形状、厚みや表面の質感が似ていない種類を組み合わせるとバラエティ豊かな表情が楽しめる。

おすすめの雑貨

陶板

盆栽用だが、観葉植物に使ってもモダンな雰囲気に。

おすすめの植物

フィロデンドロン・オキシカルディウム

あまり光の届かない場所でも育つ。耐陰性の強い品種。

オプンチア・ミクロダシス（バニーカクタス）

1カ月ほど水やりをしなくてもOK。忙しい方におすすめ。

Part9 センスを学びたいショップガイド

Shop

East 6 WORLD GARDEN

品質と買いつけにこだわった ハイセンスな観葉が見つかる

DATA
東京都江戸川区西小岩5-9-22
☎03-5668-8701
営10:30〜19:00
休不定休
http://www.worldgarden.jp/

専門バイヤーが日本各地の優れた生産者に足を運び、目と手で確かめた、質の高い、強くて丈夫な植物を揃えています。初心者でも管理がしやすいミニサイズの植物から、ハイセンスな樹形の植物や大型サイズのものまで、都内最大級の豊富なラインアップからシチュエーションに合わせて選ぶことができるのが魅力。また経験豊富なスタッフから管理方法などについてアドバイスを受けられます。

Pick up!
テーブルの近くにグリーンをプラス
部屋の印象を変えたい場合、少し大きめの植物を置くと効果的。テーブルの上にもグリーンを置いてほど良いアクセントに。

Pick up!
大きな鉢の近くにハンギンググリーンコーナーを充実させる
大きいグリーンにハンギングをプラスして、コーナーをボリュームアップ。壁と近い色の棚を置いて、小物をさりげなくプラス。

「見やすいディスプレー」を意識した、量が多くてもすっきりした店内。1、2階の売り場に室内用の大・中鉢サイズの観葉植物、屋外の売り場にオリーブなどの室外用の植物が並ぶ。

おすすめの雑貨

木を張り合わせた手作り鉢
高さを出したいものの底上げにも利用できる存在感が◎。

おすすめの植物

フィカス・アルティッシマ 'ヴァリエガタ'
淡いライムグリーンの斑に縁取られた葉が魅力。

フィカス・ウンベラタ
ハート形の大きな葉と、独特の樹形が楽しめる。

East 7 プロトリーフ ガーデンアイランド玉川店

ビギナーにやさしい工夫がいっぱい
スタッフに相談したくなる店

初心者にやさしいディスプレーが特徴で、ポップには植物の特徴などが表示されています。専門知識を磨いたスタッフに何でも相談できるのがうれしい魅力。都内最大級300坪の店内に、植物と資材が幅広く揃い、特に観葉植物、花苗、庭木が充実。優良な生産者から直接仕入れているので時には市場には出まわらない植物が並ぶことも。フェアやワークショップ、無料のセミナーを毎月開催。ペットも一緒に入店できます。

DATA
東京都世田谷区瀬田2-32-14
玉川髙島屋S・Cガーデンアイランド2階
☎03-5716-8787
営10:00～20:00
休元日
http://www.protoleaf.com/

Pick up!
手軽に試せるハンギングを取り入れて

コートハンガーなどを利用すると、壁を傷つけずにハンギングが楽しめる。足元に植物や小物をまとめ、素敵なグリーンコーナーに。

初心者にわかりやすいようポップが多用され、育て方などをすぐに知ることができる。

Pick up!
鉢植えをカバーしてシックな印象をプラス

株元をマルチングすると、グッとおしゃれな雰囲気に。ストーンやバークチップ、ココヤシ繊維など植物に合わせてチョイスして。

おすすめの雑貨

ダブルアクションスプレー
トリガーを握るときも、離すときも、水が噴射する優れもの。

おすすめの植物

ドラセナ・デレメンシス'コンパクタ'
日陰に強く、飾る場所を問わない。乾燥にも強い。

フィカス'バーガンディ'
観葉植物には珍しいシックな銅葉が魅力。

East 8 サボテンランド　カクト・ロコ

新鮮な多肉植物が圧巻 50音順の見やすい売り場

DATA
静岡県浜松市北区都田町1672-3
☎053-401-3965
営10:00〜17:00
休木曜　※祝日の場合は営業
　　夏季休業、年末年始休業あり
http://www.cactoloco.jp/

多肉植物、サボテンの生産メーカー「カクト・ロコ」の直営店です。生産農場から毎週仕入れる新鮮な多肉植物が豊富。90坪の売り場に200種類以上の多肉植物、サボテン、ティランジアなどが並びます。50音順の売り場構成でお目当ての多肉が見つけやすいのが魅力。特にベンケイソウ科の多肉は自社栽培品で、充実の品揃え。カフェスペースやキッズスペースもあり、子ども連れでも安心して買い物を楽しめます。

植物の性質に合わせた売り場環境で、手に取りやすい配置。

Pick up! ボックスに並べることで、植物それぞれの個性が際立つ
ヴィンテージなボックスにさまざまなサボテンを寄せ植えすることで、それぞれの違いが際立ち、おもしろい表情に。

Pick up! 色や形の違いを生かすようバランスを見て配置する
個性の強い多肉植物は色、形、質感を生かしてバランス良く並べて。丸いフレームに並べるとまるでブーケのよう。

おすすめの雑貨

ララ・イワントの鉢
植物好きのデザイナーによるシックな鉢は植物と相性抜群。

おすすめの植物

パキポディウム・グラキリウス
パキポディウム属の中でもオブジェのような樹形が印象的。

アロエ・ラモシシマ
枝分かれすると盆栽のように樹形を楽しむことができる。

West 1 the Farm UNIVERSAL osaka

ヤギやフクロウにも会える緑あふれるテーマパーク

3500坪の広大な敷地に、6つの売り場とカフェやキッズガーデンが併設され、ヤギやフクロウに会えるコーナーもあります。緑のテーマパークのような店内で子どもから大人、そしてペットも一緒に楽しめます。生産者から直接仕入れた個性的な植物をはじめ、ポットやツールなどの雑貨も充実。月に数回、ワークショップや季節のイベントなども多数開催され、訪れるたびに発見のあるショップです。

DATA
大阪府茨木市佐保193-2
☎072-649-5339
営10:00〜18:00
休定休日なし（年末年始休業あり）
http://the-farm.jp/osaka/

Pick up!
高低差をつけて並べ表情を演出
植物を置くときは、高低差をつけるのがポイント。背の低い植物はスツールなどを使って高さを出すのもおすすめ。

Pick up!
壁にはフレームなどを利用してアクセントに
スペースの有効活用として、壁を利用するのも素敵。フレームを取り入れるだけでおしゃれ度がぐんとアップ。

植物を取り入れた暮らしのアイデアが詰まった、写真を撮りたくなるディスプレー。たくさんの植物との出会いが楽しい店内になっている。

おすすめの雑貨

みずやりチェッカー

土の乾き具合が分かり、水やりのタイミングがつかめる。

おすすめの植物

トックリラン（ポニーテール）

株元がぷっくりとしてかわいらしく、細長い草姿が特徴。

アロエ・ラモシシマ

アロエの中でも希少な種類で、シルバーリーブが特徴的。

West 2 cocoha

ジャングルのような空間で選ぶ バラエティ豊かな植物と雑貨

DATA
福岡県糸島市志摩小富士905-1
☎092-332-2388
営10:00〜18:00
休月曜 ※祝日の場合は営業
http://www.green-flower.net/

カフェのような外観ですが、店内に一歩入ると所狭しとグリーンが並び、ジャングルのような空間が広がります。リラックスできるアロマの香りと、あたり一帯のグリーンは、まるで森林浴を楽しんでいるような心地良さ。飾るスペースや雰囲気に合わせて、ミニサボテン、多肉植物、エアプランツなど、存在感のある植物やバラエティ豊かな陶器鉢といった雑貨を選ぶことができます。

植物がぎっしりと並んだ空間は、まるでジャングルのような雰囲気に。心地良い空間を味わえる。

Pick up! 植物を複数ハンギングすると野生な雰囲気を演出

植物を壁に掛けたり、上から吊るしたりすることで、ジャングルのような空間を提案。

Pick up! 意外な組み合わせが生む新しく独特な空気感

流木にエアプランツを組み合わせたディスプレー。霧吹きだけで簡単に管理できるのがうれしい。

おすすめの雑貨

電球型ポット

個性的なハンギング雑貨。白、黒、金、銀の全4色。

おすすめの植物

フィロデンドロン'サンレッド'

きれいな赤が部屋のアクセントに。葉色の変化も楽しめる。

オプンチア 墨烏帽子

バンザイをしているようなフォルムがかわいらしい。

Part9 センスを学びたいショップガイド

West 3 cotoha

1000鉢ほどの観葉植物が森のような空間を織りなす

40坪のスペースに沖縄などの生産者から直接買いつけた植物が所狭しと並び、森のような空間を織りなしています。オリジナルの鉢物には土の代わりにセラミックソイルを使用。虫が発生しにくく、水やりのタイミングが色でわかります。品種選びや栽培に関する悩みは、無料相談窓口でアドバイスを受けられるので、初心者の方も安心。定期的に「苔玉作り」などのワークショップも開催しています。

DATA
京都府京都市中京区
西ノ京職司町67-38
☎075-802-9108
営11:00～18:00
休水曜
http://www.cotoha.me/

階段を上がると思わず声をあげてしまう、森のような自然の美しさが感じられる店内。

Pick up! 植物のありのままの様子を感じられるように

植物が太陽の光を求める姿に生命力を感じるように、ディスプレーも植物本来の姿を再現するよう心がけることで、自然な印象に。

Pick up! 枝ぶりや葉姿をそのまま見せる、流れを生かした展示

植物の特徴、特質を生かし、上にのびるものは下に置き、下に垂れるものは吊るすことで植物を立体的に、自然に見せている。

おすすめの雑貨

信楽焼の鉢

窯元と相談しながら作った、オリジナルの手焼きの鉢。

おすすめの植物

ディオスコレア 亀甲竜

ハート形の葉と、ぽってりとした幹がかわいらしい。

ガジュマル

丈夫で育てやすく、初心者におすすめ。

West garage 4

ふたつのテイストで見せる植物がいきいきと育つ空間

白を基調とした上品な空間と、ジャンクな雰囲気漂う空間、テイストの異なる2棟の店舗が広がります。花苗、庭木、観葉植物を幅広く扱い、特にオーストラリア系植物が充実しています。観葉植物は枝ぶりのいい、樹形にこだわったものが充実。テイストやシーンごとのディスプレーで、植物がいきいきと見える空間や見せ方を提案しています。毎週、インテリア小物などを作るクラフト教室を開催中。

DATA
愛知県豊橋市曙町南松原17
☎0532-38-8609
営10:00〜19:00
休木曜
http://www.garage-garden.com/

Pick up!
鉢を置く棚をイスで代用して
イスに鉢を載せて、高さのあるディスプレーに。目線を上げ、鉢の印象をイメージアップ。

Pick up!
本や箱を重ねた上にグリーンをディスプレー
積み上げた洋書に、垂れ下がるタイプの植物を置くだけでおしゃれな演出に。ボックスなどほかの小物でも応用したいアイデア。

植物ひとつひとつが素敵に見えるよう、ほかの植物と重なりすぎない工夫がなされた店内。植物と似合う鉢の組み合わせを提案しています。

おすすめの雑貨

ティンフラットフレーム
植物にマッチし、入れるだけでさまになるフレーム。

おすすめの植物

スキンダプスス
水やりの頻度が少なめで、吊り観葉植物におすすめ。

アルカンタレア・オドラ
シルバーの葉はクールな印象の部屋にぴったり。

West 5 植物屋 風草木

個性的な植物が揃う
見ていて楽しい植物屋さん

初心者でも育てやすい植物を中心に、個性的で味のある植物が揃います。性格があらわれているような、ユーモラスな植物たちは見ているだけでも楽しいラインアップ。味わいある樹形と鉢の組み合わせに、店主のこだわりが光ります。庭に植える宿根草、樹木、そして山野草の取り扱いも。季節に応じて植物のコーディネート提案がされ、落ち着いた雰囲気の店内でゆっくりと楽しみながら選ぶことができます。

DATA
奈良県橿原市葛本町734-2
☎0744-25-6578
営9:30頃〜日没前後
休毎月一の位に3と9のつく日(草の日)
http://fuusouboku.wixsite.com/fuusouboku

Pick up!
さまざまな鉢に目線がいく配置の面白さ

いろいろな場所に目線が向くように、鉢をバランス良く配置。植物ひとつひとつの個性が引き立ち、眺めてもおもしろい空間に。

手に取ってじっくり選べるよう、商品点数を限って配置している。

Pick up!
葉の形や大きさ、色の違いでひとつひとつの表情を楽しむ

一見似た印象の植物を複数並べることで、葉の緑の濃淡や細さ、大きさといった表情の違いがより明確になり楽しい。

おすすめの植物

旅人の木の種
ドライ植物はグリーンとのコントラストを楽しんで。

シンニンギア 断崖の女王
葉や花のない冬期と開花期の、表情の違いがおもしろい。

リュウビンタイ
しおれてきたら水をやればOK。タイミングがわかりやすい。

Part9 センスを学びたいショップガイド

Web 1 BOTANICAL GREEN

WEB SHOP

スタイリッシュで発色のよい珍しい品種をラインアップ

http://botanical-green.teftef.garden/

ハイセンスな家に似合う、メンズライクな多肉植物や観葉植物、フェイクグリーンをセレクトしたWEBショップです。多肉植物は品揃えが豊富で、日本産だけでなく近年、注目を集める韓国産の苗も取り扱っています。葉の発色がいい品種や希少品種が充実しているうえ、比較的育てやすいものをチョイス。初心者も植物を育てる楽しみが味わえます。

Pick up!
鉢の形のチョイスで置き場所に余裕を
洗面台などの狭いスペースに植物を飾るときは、スリムなポットに入れると、スペースを取らず邪魔にならない。シンプルな鉢を選ぶことで、植物の枝ぶりを強調できる。

Pick up!
植物の形を生かした展示で空間に新しい印象を
開口部のフレームを枠に見立てて植物を吊るしたり、垂れ下がる枝ぶりを生かしたりした飾り方はいつもの景色を新鮮なものに。

おすすめの植物

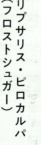

リプサリス・ピロカルパ（フロストシュガー）
ユニークな枝ぶりとやわらかい雰囲気を楽しんで。

ヘデラ（アイビー）
豊富な種類から、好みを選んで。丈夫で育てやすい。

エスキナンサス'タイピンク'
肉厚な丸みを帯びた葉が素敵で、春にはかわいい花が開花。

Web 2 AYANAS

規格外の個性的な植物で魅力的に毎日を彩る

長く垂れ下がる植物をシェルフやキッチンカウンターに置くと、素敵に。

Pick up! 部屋の印象をがらりと変えるハンギングアイデア

吊るして飾れるように板に着生したコウモリランを、天井からハンギング。浮遊感が際立つ。

http://ayanas.jp/

広く流通している植物の中から、量産規格には合わない樹形や草姿の個性的なものをセレクト。店名の由来は「彩なす」で、生活する人の好みや心地良さを大切にした、暮らしに彩なす植物を提案しています。植物ひとつひとつの特性が引き立ち、インテリアになじむよう鉢に植えかえたものを多数扱っているのが特徴。イベントの出店や庭づくりも行っています。

おすすめの植物

ソフォラ・ミクロフィラ

マメ科で癒し効果もある別名メルヘンの木

小さな葉がかわいらしく、自宅用にもギフトにも人気。丈夫で初心者にも育てやすい。

Web 3 APEGO

枝ぶりにこだわる人も愛着をもって育てられる

https://www.apego.jp/

スペイン語で「愛着」を意味するAPEGO。植物を1鉢1鉢撮影してサイトに掲載しているので、樹形まで見て商品を選べ、愛着を持って育てることができます。自社温室の最適な環境で管理された植物を、最高の状態で届けられるように工夫されています。植物には、季節に応じた育て方の説明書きを同封。メールや電話で相談できる手厚いサポートも魅力です。インスタグラムでは新入荷の情報も。

おすすめの植物

エバーフレッシュ

涼しげな葉に、しなやかな樹形。昼と夜の表情の違いを楽しんで

軽やかな葉と、しとやかな樹形が人気。夜になると葉が閉じ、時間帯で異なる表情の豊かさに癒される。

Pick up! 違った表情の植物を並べ特性を際立てて

ウンベラータとシェフレラなど異なる表情や雰囲気の植物を選ぶと、お互いの魅力が引き立つ。

Lesson

Part 10

きちんと環境を整え、手入れを行おう

元気に育てるために知っておきたい基礎知識

鉢を置く場所の日当たりや風通し、水やり方法、病害虫対策といった、
わが家で観葉植物を管理するうえで知っておきたい「基本のキ」を紹介します。

Lesson 1

「その場所の日当たり」で適する植物が決まる

植物の品種によって好む光の量は異なります。
それぞれの特性に合った環境に配置して、すこやかに育ててあげましょう。

植物の性質に合う日当たりの場所に配置しよう

植物には、光合成をするために太陽の光が不可欠。ドラセナのように明るい日なたを好むものやカラテアのように日陰でも平気なものなど、植物によって必要とする日当たり量は異なります。カーテンや窓からの距離で日照を調節して、それぞれの性質に合う環境に置くようにしましょう。

右／明るい窓辺は、ブラインドで光の量を調節可能。左／ある程度の耐陰性があるパルテノシッサス'シュガーバイン'を洗面所に。

ときどき鉢の向きを変えて生長具合を整えよう

観葉植物を窓辺に置くと、茎が光の方に曲がってしまうことがあります。これは、植物ホルモンの働きで、陰になった側の生長が促されるから。時々鉢の向きを変え、どの方向からも光が当たるようにしましょう。

明るい方に茎が曲がるので、定期的に向きを変えたい。

人工的な照明の光だけはNG。定期的に太陽光に当てる

窓からの日光が入らない場所では、植物はうまく育ちません。しかし、日陰に強い種類であれば、蛍光灯やLEDライトのような人工的な照明の光で生育させることも可能。照明の光には、光合成に必要な波長がわずかしか含まれていないので、ときどき明るい窓辺などに移動してあげることが必要です。

日当たりが変わる場所移動は少しずつ動かす慣らしが必要

例えばパキラのように半日陰でも育つ植物を移動する場合は、それぞれ1週間ほど日陰から中間地点を経て窓辺に移すなど、徐々に移してあげましょう。急な環境の変化は植物に良くありません。

徐々に明るさが違う場所に移すことで、ショックを少なくできる。

季節によって日当たりや温度が変わることにも配慮を

室内の同じ場所でも、季節によって光の量や当たり方は異なります。また、窓辺は温度が上がりやすく下がりやすいという特性も。季節ごとの日当たりや温度を把握したうえで植物の配置を決め、場合によっては置き場所を変えるといいでしょう。

夏場は日差しが強い反面、日照の角度が大きいため部屋の奥まで届かない。冬はその逆に。

Lesson 2
風通しや温度、湿度にも気をつけよう

**観葉植物の多くは熱帯や亜熱帯が原産地なので、冬の寒さは苦手です。
低温のほか、蒸れや乾燥にも注意してあげてください。**

冷え込みに弱い植物は夜間に保温する必要も

カラジウムやコーヒーノキのように、特に寒さに弱い種類は、冬場の保温ケアが大切です。日照を好む性質であっても、窓際は冷え込みやすいので、夜だけ部屋の中央に移動するといいでしょう。種類によっては、夜間は保温用の箱をかぶせるなどの工夫が必要になることもあります。

段ボールや発泡スチロールの箱をかぶせると保温できる。

品種ごとに異なる越冬温度を知り気温と湿度の管理しよう

市販の観葉植物の多くは、気温が10℃程度あれば冬を越せます。どのような場所に自生していたかによって好む日照や気温、湿度などが異なるので、それを参考に環境を整えるといいでしょう。また、冬場は空気が乾燥しがちなので、葉水を与えて葉のまわりに適度な湿度を保ってください。

エアコンなどの風が直接当たらない場所に置く

風通しの良さを保つことは大切ですが、エアコンの強い風が当たるのは、観葉植物にとって苦手な状況。葉がやさしく揺れる程度の風がいろいろな方向から吹いてくるのが理想です。扇風機を使う場合は首振りにするといいでしょう。

室内のこもった空気は苦手。風通しのいい環境を心がけよう

閉め切って空気がこもった室内は、観葉植物にとって息が詰まるような状況です。水やりで与えた水がなかなか乾かないため、根腐れや土にカビが生える原因になることも。風通しのいい場所に鉢を置き、在宅時はなるべく自然の風で換気してあげるのがベター。不在時は、サーキュレーターや換気扇を使って空気を動かしてあげましょう。適度な通風は、光合成や呼吸の促進につながります。

サーキュレーターは風の直進性が高いので、向きに注意して使いたい。「コンパクトサーキュレーター固定タイプPCF-HD15N-W・PCF-HD15N-B」（アイリスオーヤマ）

Lesson 3
良質な土を使ってすこやかに育てよう

生育に大きく影響するのが、鉢に入れる土。
水はけと水もち、通気性のいい、新鮮で良質なものを使ってあげましょう。

良い土の条件は水はけと水もちが良く、通気性があること

理想的な土の条件とは、水はけが良く、なおかつ水もちが良く、さらに通気性も良いこと。これを実現するのが、小さな粒子が適度な大きさに固まった「団粒構造」の土です。団粒そのものが水や肥料を保持するほか、団粒のすき間が水や空気の通り道となり、根の呼吸を助けて根腐れを防ぎます。

団粒構造

植物によって個々に異なる最適な配合の用土を自分で作れる

自分で用土を配合すれば、栽培する観葉植物に最適な土質に整えることが可能に。赤玉土をベースに、ピートモスやパーライトなどの改良材を混ぜて作ってみましょう。室内に置くことを考えると、においやカビが出やすい腐葉土は使用を避けたほうが無難です。

市販のブレンド済み用土は初心者にとって手軽で便利

あらかじめ観葉植物に合わせて数種類の土を混合した市販の土は、そのまま使えるので初心者にはうれしい存在です。適度な水もちと水はけ、通気性があるため、慣れないうちはこれを利用するといいでしょう。メーカーによって配合が異なるので、園芸店のスタッフに相談して選ぶと安心です。

観葉植物に合わせて水はけ、水もち、通気性を調節した専用の用土。「ゴールデン粒状培養土」(アイリスオーヤマ)

用土のブレンド例（体積比）

汎用性の高い標準的な土
パーライト 10%／ピートモス 30%／赤玉土 60%
多くの観葉植物に適する汎用性の高い配合。

水はけと通気性の良い土
ピートモス 10%／パーライト 30%／赤玉土 60%
テーブルヤシなど、水はけの良い土を好む植物に。

水もちと通気性の良い土
軽石 1%／ピートモス 40%／赤玉土 59%
シダ類のように保水性の高い土を好む植物に。

ハンギング向きの軽量な土
パーライト 20%／ピートモス 30%／赤玉土 50%
水はけや水もちを備えつつ、軽さを重視した配合。

庭土や古い鉢の土をそのまま使うのはNG

観葉植物を育てる用土は、新たに購入したものを使うことをおすすめします。古い鉢の土は団粒構造が崩れて粒が細かくなるなど、劣化していることが多いもの。庭の土も、観葉植物に適さない性質であることが多いうえ、土の中に病害虫がひそんでいる可能性も高いので、避けましょう。

観葉植物に向く基本用土と改良材

赤玉土
赤土を粒の大きさごとにふるい分けたもの。水もちと通気性、肥もちに優れており、基本用土として使う。
（水もち／通気／肥もち）

パーライト
水分を含む真珠岩を砕いて加熱したもの。多孔質で軽量なのが特徴。水もちと通気性を良くするのに役立つ。
（水もち／通気／改良材）

軽石
無数の孔があいており、水に浮くほど軽量。水はけと通気性を高める効果があり、鉢底石によく使う。
（水はけ／通気／改良材）

ピートモス
自重の10〜30倍も水を吸うので、水もちと肥もちがアップ。根張り促進の効果も。酸性でほぼ無菌。
（水もち／肥もち／根張り）

Lesson 4

肥料は種類とタイミングが命

鉢植えの観葉植物にとって、栄養を吸収できる範囲は鉢の中に限られます。
生育に必要な栄養をしっかり補って、元気に育てましょう。

肥料の3大栄養素

P リン酸
細胞分裂を盛んにする働きがある栄養素。開花や結実に深くかかわる。

N 窒素
葉や茎を育てるのに役立つ。葉緑素を作る作用があり、不足すると葉が色あせる。

K カリウム
根や茎の細胞壁を丈夫にする作用がある。植物の生理作用を整える効果も。

窒素、リン酸、カリウムの3大栄養素が特に大切

植物が必要とする栄養素のうち、特に重要なのが「窒素」「リン酸」「カリウム」の3つです。なかでも窒素は、葉や茎の生長に役立ち、不足すると葉が色あせることから、観葉植物にとって特に重要。そのため、観葉植物専用の肥料は、窒素を多めに配合してあるものが少なくありません。

生育中にゆっくり効く元肥と すぐ効く追肥を上手に使い分ける

肥料の与え方には、元肥と追肥の2種類があります。元肥は、植えつけや植え替えの際に土の中に混ぜ込む形で与える肥料。生育中に長く効く緩効性の肥料を選びます。一方、生育中に不足した栄養を補うのが追肥。時間が経つにつれて効果が薄れる元肥を補う意味があり、速効性のものが適しています。

活力剤

必須微量元素などが含まれ、植物が弱ったときの活力アップに役立つ。元肥、追肥がおかずとすれば、こちらはサプリメントのような役割。「メネデール」（メネデール）

追肥

液体の追肥は、希釈するものと原液で使うものがある。固形タイプもある。

元肥

元肥は用土に混ぜ込んで使う。緩効性のものが適している。

においがなく扱いやすい化成肥料がおすすめ

肥料には堆肥のような天然由来の有機質肥料と、化学合成された化成肥料があります。有機質肥料はゆっくり長く効いて根を傷めにくいという長所がある反面、においが出やすいという短所も。室内で育てる観葉植物には、無臭で扱いやすい化成肥料がおすすめです。

肥料で元気がなくなることもあるので注意

肥料を与えすぎるのは逆効果。根が肥料やけを起こし、最悪の場合は枯れてしまうことも。規定の用量や希釈倍率を守ることが大切です。「多め、濃いめ」にするよりは、「少なめ、薄め」のほうが無難。また、生長が休止している冬場も肥料を与えないようにしましょう。

根から素早く吸収され、植物を丈夫に育てる。商品により、そのままか薄めるかが異なるので注意。右／「ストレート液肥 観葉植物用」（ハイポネックス ジャパン）、左／「花工場原液」（住友化学園芸）

数カ月～1年ほどかけてゆっくり効き続け、植物の生育を良くする効果がある。右／「マイガーデン元肥用」（住友化学園芸）、左／「マグァンプK 中粒」（ハイポネックス ジャパン）

Lesson 5

水やりのコツは「土が乾いてからたっぷりと」

**観葉植物にとって、水やりはふだんの管理のキモというべき行為。
水が多すぎても少なすぎても良くないので、適切に行いましょう。**

鉢の素材や置き場所の環境、季節によって乾きやすさが異なるので注意が必要。

鉢底穴から水が流れ出るまでたっぷりと水を与える。

乾き具合を確かめてから
たっぷりと水を与えるのが基本

　水やりの基本は、土の表面が乾いてから、鉢底穴から水が流れ出るまでたっぷりと与えること。土が団粒構造であれば、水が抜けるときに新鮮な空気が供給され、適度な水分と空気が土中にある状態になります。頻繁に水を与えすぎて常に湿った状態は、根腐れが起きやすいので注意しましょう。

見た目でわかりにくい場合は、土の表面を触ってチェックするのが確実。

乾燥や病害虫を防ぐ効果がある
葉水も意外に重要

　湿り気を好む植物の場合、葉に霧吹きで水をかける「葉水（はみず）」を行うことで、原産地の環境に近づけることができます。カイガラムシやうどんこ病といった乾燥時に発生しやすい病害虫を防ぐ効果や、葉にたまったほこりを落とす意味も。水やりと同じタイミングで葉水を行いましょう。

葉の表側だけでなく、裏側や茎（幹）にも水をかけよう。

乾燥を好むか、多湿を好むか。
個々の植物に合う水やりがベスト

　高温多湿の熱帯雨林か、雨季と乾季がはっきり分かれている地域かなど、観葉植物の原産地の環境を知ると、水やりがより適切に行えます。乾燥ぎみを好む植物は、土の表面が乾いてから2～3日ほど待って水やりを。多湿を好む植物は、土の表面が乾き始めたら水を与えるといいでしょう。

乾燥を好む植物、多湿を好む植物の例

乾燥を好む植物	多湿を好む植物の例
アガヴェ	アグラオネマ
アロエ	アジアンタム
サボテン科	アスプレニウム
ドラセナ（サンセベリア）	ジャボチカバ
ディスキディア	ディーフェンバキア
トックリラン	ネフロレピス
ブラキキトン	ビカクシダ
ユーフォルビア	ポトス
ユッカ	リュウビンタイ
リプサリス	レインボーファーン

冬場は水やりの「量」ではなく
「頻度」を少なめに

　秋から冬にかけて気温が下がるにつれて、土から水分が蒸発するスピードが遅くなり、植物の生育もゆっくりに。様子を見ながら、水やりの回数を徐々に減らしていきましょう。植物の活動が休止する冬場は、乾燥ぎみに管理するのが基本。水やりの「量」ではなく、「頻度」を控え目にするのがコツです。

Part10 元気に育てるために知っておきたい基礎知識

Lesson 6
病害虫は早めの発見と対策が大切

**観葉植物はほかの植物よりも病害虫の被害が少ないといわれています。
もし発生しても、早めに対処すれば被害を食いとめられるので落ち着いて対処しましょう。**

購入時についてきた名札があると対策を探しやすい

購入時についてきた名札は、捨てずに取っておきましょう。植物名がわかると、病害虫の対策を調べやすくなります。生理障害を解消するために栽培環境を改善する場合も、植物名がわかると有利です。

毎日のこまめな観察で植物の不調を未然に防ぐ

病害虫を早期のうちに発見するためには、毎日のこまめな観察が大切。葉裏や株元、新芽などに隠れていることが多いので、よく見るのがおすすめ。また、植え替え時には、土の中に害虫がひそんでいないかもチェックするといいでしょう。

葉裏、株元、新芽をチェック

葉裏
葉は表側だけでなく、裏側もチェックすることが大切。

株元

新芽

薬剤は適切に使えば問題なし。上手に利用して病害虫を撃退

病害虫が発生しても、早い段階で適切に対処すれば薬剤の使用は最小限で済みます。病気や害虫の種類を特定したうえで、適用がある殺菌剤や殺虫剤を使いましょう。

液状のもの、スプレー式のもの、浸透移行性の粒剤と種類はさまざま。病害虫の種類に合わせて使い分けたい。右／「アースガーデン 土にまくだけ害虫退治オールスター」(アース製薬)、左／「カダンセーフ」(フマキラー)

観葉植物の病害虫の例

病名	症状	対策	害虫名	症状	対策
青枯病	植物自体はしおれているのに、葉は青々しているのが特徴。傷から菌が入り、水が通る管をふさいでしまう。	この病気は治らないので、鉢から抜いて処分を。土の温度上昇を抑えることが予防に。	アブラムシ	新芽やつぼみなどやわらかい部分に群がり、樹液を吸って株を弱らせるほか、ウイルス侵入のきっかけにも。	指で取り除くか、殺虫剤を使用。反射光を嫌うので、株元にアルミホイルを敷くのも有効。
褐斑病	葉に淡褐色の斑点ができ、しだいに大きく黒褐色の輪になっていく。蒸れやすい状態だと発生しやすくなる。	発病した葉は早めに取り除く。風通しを良くして蒸れを防ぐことが予防につながる。	アリ	植物に被害を与えないものの、見た目が悪くなるので駆除したい。アブラムシが出す甘い汁に寄って来る。	スプレー式の薬剤を土の表面に散布する、または薬剤を入れたバケツの水に鉢を沈める。
炭そ病	葉に黒褐色の斑点ができて広がり、葉に穴があいたり葉が枯れたりする。夏から秋の高温期に発生しやすい。	発病した葉を取り除き、殺菌剤を散布する。株や葉の風通しを良くすると予防効果がある。	カイガラムシ	樹液を吸って植物を弱らせるほか、糞がアリを呼び寄せたり、枝葉が黒ずむすす病を誘発したりすることも。	歯ブラシでこすり落として殺虫剤で駆除。成虫になると殺虫剤が効きにくいので注意。
軟腐病	株元や茎が腐ってやわらかくなり、茶色く変色して悪臭を放つように。やがて植物全体が枯死してしまう。	株ごと抜き取って処分を。日当たりと水はけを良くし、植物に傷をつけないことが予防に。	ナメクジ	葉や新芽などを食べて植物を弱らせる。また、はった跡に白く残る粘液が変色の原因になることも。	夜間の活動期に見つけたら、捕殺するか、専用の薬剤を吹きかけて退治する。
灰色かび病	葉や茎にできた小さな斑点が広がり、茶色く変色して腐敗したあと、灰色のカビに覆われてしまう。	空気感染するので、初期のうちに殺菌剤を散布。症状が全体に及んだら取り除いて処分を。	ハダニ	葉の裏から樹液を吸って葉を白っぽく退色させるほか、花色を悪くしたり花期を短くしたりする。	水に弱いので、植物全体を水に浸けるか、専用の殺ダニ剤を使用すると退治できる。

Lesson 7

植え替えや剪定は春〜秋の生長期がベスト

**植物が大きく育ったり、根詰まりで元気がなくなったりしたら植え替えをしましょう。
元気のいい春〜夏がベストシーズン。2〜3年に1度は行ってください。**

剪定で姿をすっきり整え風通しを良くして蒸れを防ぐ

　観葉植物を剪定するのは、生長によって崩れていく姿を整えるためと、混み合った葉を整理して蒸れを防ぐため。4〜7月の生長期に行うといいでしょう。剪定する場所は「分枝した先の根元」または「芽の上」が基本です。幹やほかの枝を弱らせる可能性があるひこばえや胴吹き枝など、切ったほうがいい枝を見極めて、少しずつ様子を見ながら行いましょう。

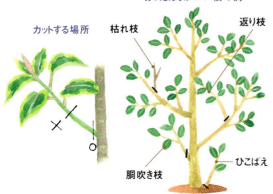

カットする場所／切ったほうがいい枝の例／枯れ枝／返り枝／胴吹き枝／ひこばえ

2〜3年に1回植え替えをして根詰まりと水はけ悪化を防ぐ

　鉢の中で根が生長していっぱいになると、水の吸い上げが不十分に。土の中の酸素が不足し、水はけも悪化するので、植物の元気がなくなってしまいます。2〜3年に一度は植え替えを行い、リフレッシュを。生育期間の4〜6月と9〜10月がベストシーズンです。

植え替えのサイン
- 鉢底穴から根が出ている
- 根鉢が鉢から盛り上がってはみ出している
- 植物に対して鉢が小さくバランスが悪い
- 水やりをしてもすぐに土が乾く
- 水やりをしても鉢底穴からなかなか水が出ない
- 下側の方の葉が黄色くなっている
- 下側の方の葉が落ちる
- 茎が垂れる

根が鉢底穴から出ているのは植え替えのサイン。

鉢の大きさをそのまま維持しつつ土の養分を補える増し土

　植え替えをするのが難しいとき、応急処置的に行うのが「増し土」。具体的には鉢の土を表面から2〜5cmほどかき取り、新しい用土を入れます。こうすることで土の中の不足した養分を補うことが可能に。ただし、いずれ植え替えが必要なのはお忘れなく。

根を傷めないように注意して表面の土をかき取り、新しい土を入れる。

植え替え時に鉢をサイズアップ。大きくしない場合は根と枝葉を整理

　植え替えで鉢を大きくするなら、根を軽くほぐして古い土を落としましょう。植物を大きくしたくない場合は、根を3分の1ほどカット（植物による）。鉢は少しずつ大きくします。いきなり大きくすると根張りに悪影響があるので注意しましょう。

植物を大きくしない場合　　植物を大きく育てる場合

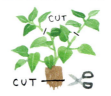

根を1/3ほどカット。バランスを取るため葉も少し整理する。／軽く根をほぐしてから、これまでより1〜2号大きな鉢に植え替える。

Lesson 8
株分けや挿し木などで観葉植物を殖やす

かわいがって育てている観葉植物を自分で殖やすのも楽しいもの。
いろいろな殖やし方があるので、植物に適した方法でチャレンジしてみましょう。

植物に適した殖やし方の例

株分け	挿し木	取り木
アグラオネマ	クロトン	クロトン
カラテア	ココロバ	シュフレラ類
グズマニア	コルディリネ	ドラセナ
シンゴニウム	ディーフェンバキア	パキラ
スパティフィルム	ドラセナ類	フィカス類
ドラセナ（サンセベリア）	パルテノシッサス'シュガーバイン'	ポリスキアス
ネオレゲリア	フィロデンドロン	
ネフロレピス	ペペロミア	
ビカクシダ	ポトス	
フィロデンドロン	ホヤ	
ヤシ類（株立ち性）	モンステラ	

観葉植物を殖やすなら気温と湿度が最適な5〜7月に

観葉植物は意外なほど簡単に殖やすことができます。殖やす方法は、主に「株分け」「挿し木」「取り木」の3つ。それぞれの植物に適する方法で殖やしてみましょう。生長が盛んな5〜7月が適期。株分けや挿し木は、植え替えや剪定のついでに行うと効率がいいでしょう。

取り木という方法でも観葉植物を増やせる

枝や幹の一部に傷をつけて根を出させるのが取り木。傷の部分に湿らせた水ゴケを巻き、乾燥を防ぐためにビニールで包んでおきます。1〜2カ月で発根するので、根が出た部分の下で切り離して土に植えましょう。

表皮をぐるりと帯状にむく環状剝離法は、取り木の代表的な手法。

水ゴケに時々水を与えて管理。1〜2カ月で発根する。

根以外の部分を切り取り土に植えて殖やす挿し木

挿し木は、枝（茎）や葉などを土に挿して殖やす手法の総称（挿す部位によって葉挿し、挿し芽など名称が異なります）。鋭利な刃物できれいに切ること。枝の場合は、その年にのびた新しいものを使うことが成功のコツです。

ドラセナ（サンセベリア）の葉挿し。発根まで土が乾かないように管理する。斑入り品種は斑が消えることがあるので注意。

ポトスの挿し芽。発根するまでは水に浸けておき、発根したら土に植える。

大きく育ったら植え替え時に株分けを

育って大きくなりすぎた株や、これ以上大きくしたくない株は、株分けをしましょう。鉢から抜いたら根を軽くほぐし、手で株を2〜4分割します。株をあまり細かくすると、回復に時間がかかるので注意してください。

鉢から抜いて株を手で分割。根がほぐしにくい場合はハサミで切り分ける。

分けた株の大きさに見合う鉢に植え、数日は直射日光を避けて管理する。

Column
適切な鉢のサイズと種類を知ろう

かわいい植物をすこやかに育てるために、鉢の基礎知識を学んでみましょう。

植物の大きさに合う鉢の目安

- 3〜5号：10〜40cm
- 6〜8号：41〜100cm
- 9〜10号：101〜170cm
- 12号：171cm以上

鉢の「号数」は3cm刻み。植え替え時は1〜2号大きいものを選ぶ

鉢の上に見える植物の大きさと、それに見合う鉢の適切なサイズの関係は、左の図を目安にしてください。鉢を探すときに知っておきたいのが、「1号＝3cm」という決まり。号数が1つ上がれば直径が3cm増えます。「大は小を兼ねない」が鉢植えのルール。植え替えの手間を惜しんで大きすぎる鉢を使うと根張りに不具合が起きるので、現行の鉢より1〜2号大きいサイズを選びましょう。

1号上がると3cm大きくなる

3号 ←9cm→　　4号 ←12cm→

1号上がる ▶▶▶

鉢の号数とサイズ、土の容量の目安

号	直径	容量
3号	9cm	0.25〜0.35L
4号	12cm	0.5〜0.65L
5号	15cm	1.2〜1.4L
6号	18cm	2.1〜2.3L
7号	21cm	3.3〜3.6L
8号	24cm	5.1〜5.3L
9号	27cm	7.7〜8L
10号	30cm	8.4〜8.7L
11号	33cm	9.8〜10L
12号	36cm	13.8〜14.5L

鉢は素材によって乾きやすさや見た目の印象が異なる

鉢の保水性と通気性は、素材によって異なります。また、同じ素材であれば鉢が大きく、深いほど乾きにくいという特性も。乾燥を好むか、多湿を好むかという植物の性質はもちろん、置く場所の日当たりや風通しも考慮して鉢を選ぶといいでしょう。

また、室内に置く観葉植物の場合、鉢のデザインも重要です。植物の大きさや性質にマッチするという大前提を満たしたうえで、好みの色や形を選んでコーディネートしてみましょう。

素材による乾きやすさの違い

乾きにくい ← プラスチック　陶器　駄温鉢　テラコッタ → 乾きやすい

- プラスチック：保水性が高く、乾きにくい。
- 陶器：適度な保水・通気性がある。
- 駄温鉢：テラコッタより保水性がある。
- テラコッタ：通気性が高く、乾きやすい。

見た目の印象の違い

存在感のある樽型の黒い鉢が、インテリアの引き締め役に。

下側がすっと細くなったスクエアな深鉢は、知的な印象。

縦長のテラコッタ鉢にステンシルを施してスタイリッシュに。

Index

観葉植物の
テイスト別さくいん

観葉植物を見た目の印象別に整理しました。草丈や樹高、明るさによる
置き場所の目安もわかるので、グリーンのあるインテリアづくりにきっと役立ちます。

アイコンの見方

大 樹高1.5m以上
中 樹高または草丈1〜1.5m
小 草丈1m以下

※ページ数が太字のものは、
植物カタログで詳しい解説が掲載されています。

ペペロミア 小
置き場所:
日なた〜
明るい日陰
掲載ページ:
11,12,13,97,119

パルテノシッサス 'シュガーバイン' 小
置き場所:
日なた〜
明るい日陰
掲載ページ:
27,69,101,152

シッサス 'ガーランド' 小
置き場所:
日なた
掲載ページ:
101

雑貨感覚で飾るのにぴったり

ホヤ・カルノサ 'ヴァリエガタ' （斑入りサクララン） 小
置き場所:
日なた〜
明るい日陰
掲載ページ:
100,109,113

ピレア・カデイエレイ 'ミニマ' 小
置き場所:
明るい日陰
掲載ページ:
97

ポトス 'パーフェクトグリーン' 小
置き場所:
明るい日陰〜
日陰
掲載ページ:
98

アスパラガス・マコワニー （ミリオクラダス） 小
置き場所:
日なた〜
明るい日陰
掲載ページ:
88

アスパラガス・デンシフロルス 'スプレンゲリー' 小
置き場所:
日なた〜
明るい日陰
掲載ページ:
37,88

アグラオネマ 'ホワイトストーク' 小
置き場所:
明るい日陰
掲載ページ:
19,89

インパクトのある形が魅力的

カラテア・オルビフォリア 小
置き場所:
明るい日陰〜
日陰
掲載ページ:
26,93,106

エスキナンサス 'ツイスター' 小
置き場所:
日なた〜
明るい日陰
掲載ページ:
100

アロカシア 小
置き場所:
明るい日陰
掲載ページ:
90

クリプタンサス 小
置き場所:
日なた〜
明るい日陰
掲載ページ:
96

グズマニア 小
置き場所:
明るい日陰
掲載ページ:
96

カラテア・ルフィバルバ 小
置き場所:
明るい日陰〜
日陰
掲載ページ:
93

カラテア・ファスキアタ 小
置き場所:
明るい日陰〜
日陰
掲載ページ:
93

ザミオクルカス・ザミフォーリア 小
置き場所:
日なた〜
明るい日陰
掲載ページ:
91

ザミア・フルフラケア （ヒロハザミア） 小
置き場所:
日なた
掲載ページ:
91

コルディリネ・フルティコサ 'サンゴ' 大
置き場所:
日なた〜
明るい日陰
掲載ページ:
55

ココロバ・ウヴィフェラ （シーグレープ） 大
置き場所:
日なた〜
明るい日陰
掲載ページ:
49

Index

観葉植物のテイスト別さくいん

ディスキディア・ヌンムラリア 小
置き場所: 明るい日陰
掲載ページ: 102

タカワラビ 'ゴールデンチャウチャウ' 小
置き場所: 日陰
掲載ページ: 71

ストレリチア・ニコライ 大
置き場所: 日なた〜明るい日陰
掲載ページ: 12,27,43,71,111,116

シマオオタニワタリ 'プリカツム' 小
置き場所: 明るい日陰
掲載ページ: 85

ドラセナ・コンキンナ 大
置き場所: 日なた〜明るい日陰
掲載ページ: 50、153

トックリラン 中
置き場所: 日なた〜明るい日陰
掲載ページ: 28,39,77

ディスキディア・ベンガレンシス 'ヴァリエガタ' 小
置き場所: 明るい日陰
掲載ページ: 102

ディスキディア・フォルモサナ 小
置き場所: 明るい日陰
掲載ページ: 102

ネフロレピス 'エミーナドラゴンテール' 小
置き場所: 明るい日陰
掲載ページ: 87

ネオレゲリア・コンセントリカ 小
置き場所: 日なた
掲載ページ: 94

ドラセナ・レフレクサ 'ソング オブ ジャマイカ' 大
置き場所: 日なた〜明るい日陰
掲載ページ: 52

ドラセナ 'ジャネット クレイグ コンパクタ' 大
置き場所: 日なた〜明るい日陰
掲載ページ: 50

ヒカゲヘゴ 中
置き場所: 日なた〜明るい日陰
掲載ページ: 31

パラオドラセナ 大
置き場所: 日なた〜明るい日陰
掲載ページ: 51

パキラ 大
置き場所: 日なた〜明るい日陰
掲載ページ: 43,111

ネフロレピス 'ダッフィー' 小
置き場所: 明るい日陰
掲載ページ: 87

フリーセア 小
置き場所: 日なた〜明るい日陰
掲載ページ: 23、96

ブラキキトン・ルペストリス (ボトルツリー) 大
置き場所: 明るい日陰
掲載ページ: 6,58,104

フィロデンドロン・ザナドゥ 小
置き場所: 日なた〜明るい日陰
掲載ページ: 92

フィカス・リラタ (カシワバゴムノキ) 大
置き場所: 日なた〜明るい日陰
掲載ページ: 45,73,112,113

ユッカ・エレファンティペス 'エルミラ' 大
置き場所: 日なた
掲載ページ: 54

ユッカ・エレファンティペス 大
置き場所: 日なた
掲載ページ: 28,54

モンステラ・フリードリッヒスターリー (マドカズラ) 小
置き場所: 明るい日陰
掲載ページ: 99

ミクロソルム・ディベルシフォリウム (カンガルーファーン) 小
置き場所: 日なた〜明るい日陰
掲載ページ: 65,66,88,154

優美で繊細な印象を楽しむ

アマゾンオリーブ 〔大〕
置き場所：日なた〜明るい日陰
掲載ページ：41

アスプレニウム'クリーシー' 〔小〕
置き場所：明るい日陰
掲載ページ：6

アジアンタム 〔小〕
置き場所：明るい日陰〜日陰
掲載ページ：87

ゲッキツ（シルクジャスミン） 〔大〕
置き場所：日なた
掲載ページ：49

オリヅルラン 〔小〕
置き場所：日なた〜明るい日陰
掲載ページ：13,89

エバーフレッシュ 〔大〕
置き場所：日なた〜明るい日陰
掲載ページ：8,17,26,30,35、37,39,42,61,69,106,154

ジャボチカバ 〔大〕
置き場所：日なた〜明るい日陰
掲載ページ：41

シッサス・ロンビフォリア'エレン ダニカ' 〔小〕
置き場所：日なた
掲載ページ：11,38,101,112

シェフレラ・アングスティフォリア 〔大〕
置き場所：日なた〜明るい日陰
掲載ページ：57,153

シェフレラ・アルボリコラ'コンパクタキング' 〔大〕
置き場所：日なた〜明るい日陰
掲載ページ：57,65

ドラセナ・レフレクサ'ソング オブ インディア' 〔大〕
置き場所：日なた〜明るい日陰
掲載ページ：52,111

ドラセナ・フラグランス（デレメンシス グループ）'レモン ライム' 〔大〕
置き場所：日なた〜明るい日陰
掲載ページ：53

ドラセナ・アングスティフォリア 〔大〕
置き場所：日なた〜明るい日陰
掲載ページ：53,107

シンゴニウム・エリスロフィルム 〔小〕
置き場所：明るい日陰
掲載ページ：99,106

フィカス・ベンジャミナ'シタシオン'（斑入り） 〔大〕
置き場所：日なた〜明るい日陰
掲載ページ：46

フィカス・トリアングラリス 〔大〕
置き場所：日なた〜明るい日陰
掲載ページ：27,47

フィカス・ウンベラタ 〔大〕
置き場所：日なた〜明るい日陰
掲載ページ：11,20,27,32,35,38,45,70,105,106,112,113,142,143

パンダガジュマル 〔大〕
置き場所：日なた〜明るい日陰
掲載ページ：39,48

フィカス・ルビギノサ（フランスゴムノキ） 〔大〕
置き場所：日なた〜明るい日陰
掲載ページ：19,20,47,69,108,150,152,153

フィカス・ベンジャミナ（ベンジャミン） 〔大〕
置き場所：日なた〜明るい日陰
掲載ページ：46

フィカス・ベンジャミナ'バロック' 〔大〕
置き場所：日なた〜明るい日陰
掲載ページ：37,46

フィカス・ベンジャミナ'スターライト' 〔大〕
置き場所：日なた〜明るい日陰
掲載ページ：46,154

Index

観葉植物のテイスト別さくいん

トロピカルな雰囲気を味わえる

アンスリウム 小
置き場所: 明るい日陰
掲載ページ: 36,90

アスプレニウム 'レズリー' 小
置き場所: 明るい日陰
掲載ページ: 6,85

ポトス 'エンジョイ' 小
置き場所: 明るい日陰〜日陰
掲載ページ: 19,27,66,98

エクメア・タヨエンシス 小
置き場所: 日なた
掲載ページ: 95

雲南シュロチク 大
置き場所: 日なた〜明るい日陰
掲載ページ: 42

レインボーファーン (コンテリクラマゴケ) 小
置き場所: 明るい日陰
掲載ページ: 97

ガジュマル 大
置き場所: 日なた〜明るい日陰
掲載ページ: 48,81

オオタニワタリ 小
置き場所: 明るい日陰
掲載ページ: 16,84

エクメア 'フォスターズ フェイバリット' 小
置き場所: 日なた
掲載ページ: 95

エクメア・ヌディカウリス 'フラボマルギナタ' 小
置き場所: 日なた
掲載ページ: 95

ストロマンテ・サンギネア 'トリコロル' 中
置き場所: 半日陰
掲載ページ: 74

スキンダプスス・ピクタス 'アルギレウス' 小
置き場所: 明るい日陰
掲載ページ: 99

シマオオタニワタリ 'アビス' 小
置き場所: 明るい日陰
掲載ページ: 84

クワズイモ 小
置き場所: 日なた〜明るい日陰
掲載ページ: 37,90

タマシダ 小
置き場所: 明るい日陰
掲載ページ: 86

センカクガジュマル 大
置き場所: 日なた〜明るい日陰
掲載ページ: 48

セロウム 中
置き場所: 明るい日陰
掲載ページ: 76,113

スパティフィルム 小
置き場所: 明るい日陰
掲載ページ: 91,110

ドラセナ・カンボジアナ 大
置き場所: 日なた〜明るい日陰
掲載ページ: 51

テーブルヤシ 中
置き場所: 明るい日陰
掲載ページ: 28,75

ディーフェンバキア 小
置き場所: 明るい日陰
掲載ページ: 89

ツデータマシダ 小
置き場所: 明るい日陰
掲載ページ: 86

185

ヒロハケンチャヤシ 大
置き場所:
日なた〜
明るい日陰
掲載ページ:
42

ヒメテーブルヤシ 中
置き場所:
明るい日陰
掲載ページ:
75

ビカクシダ 中
置き場所:
日なた〜
明るい日陰
掲載ページ:
6,15,16,32,36,78ほか

ネオレゲリア 'トリコロル' 小
置き場所:
日なた〜
明るい日陰
掲載ページ:
94

フレボディウム・アウレウム 中
置き場所:
明るい日陰
掲載ページ:
78

フベルジア・スクアロサ 小
置き場所:
明るい日陰
掲載ページ:
7,102

フィロデンドロン・ビリエティアエ 中
置き場所:
明るい日陰
掲載ページ:
76

フィロデンドロン・ギガンテウム 中
置き場所:
明るい日陰
掲載ページ:
76

リュウビンタイ 小
置き場所:
明るい日陰
掲載ページ:
31,85,113

ポリスキアス・フルティコサ 大
置き場所:
日なた〜
明るい日陰
掲載ページ:
58

ホヘンベルギア 小
置き場所:
日なた〜
明るい日陰
掲載ページ:
96

ポトス 小
置き場所:
明るい日陰〜日陰
掲載ページ:
83,98

カラテア 'ピンク スター' 小
置き場所:
明るい日陰〜日陰
掲載ページ:
93

エスキナンサス・マルモラツス 小
置き場所:
日なた〜
明るい日陰
掲載ページ:
100

エクメア・ファスキアタ 小
置き場所:
日なた
掲載ページ:
95

インパクトのある色が魅力的

クロトン 'ウリズン' 大
置き場所:
日なた
掲載ページ:
55

クルシア (斑入り) 中
置き場所:
日なた〜
明るい日陰
掲載ページ:
75

クテナンテ・マランティフォリア 'ゴールデンモザイク' 中
置き場所:
明るい日陰
掲載ページ:
74

ドラセナ・スルクロサ 'フロリダビューティー' 小
置き場所:
日なた〜
明るい日陰
掲載ページ:
92

ディスキディア・ルスキフォリア 小
置き場所:
明るい日陰
掲載ページ:
102

シッサス・ディスコロル 小
置き場所:
明るい日陰〜日陰
掲載ページ:
101

シェフレラ 'ハッピーイエロー' 大
置き場所:
日なた〜
明るい日陰
掲載ページ:
56

186

Index

観葉植物のテイスト別さくいん

フィカス・エラスティカ'デコラ トリカラー' 大
置き場所: 日なた〜明るい日陰
掲載ページ: 45

フィカス・エラスティカ'エステカ ルビー' 大
置き場所: 日なた〜明るい日陰
掲載ページ: 45

ネオレゲリア'パープル スター' 小
置き場所: 日なた
掲載ページ: 94

ドラセナ・フラグランス'マッサン ゲアナ' 大
置き場所: 日なた〜明るい日陰
掲載ページ: 53

モンステラ・カステリアナ 小
置き場所: 明るい日陰
掲載ページ: 99

ポトス'ライム' 小
置き場所: 明るい日陰〜日陰
掲載ページ: 27, 82, 98

フィロデンドロン'ロジョ コンゴ' 中
置き場所: 明るい日陰
掲載ページ: 77

フィロデンドロン'サン レッド' 中
置き場所: 明るい日陰
掲載ページ: 77, 153

シェフレラ'グランディー' 大
置き場所: 日なた〜明るい日陰
掲載ページ: 56

カラテア'フレディ' 小
置き場所: 日陰
掲載ページ: 12

エスキナンサス'モナ リザ' 小
置き場所: 日なた〜明るい日陰
掲載ページ: 100

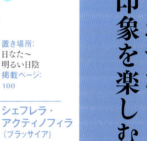
さわやかな印象を楽しむ

ストレリチア・レギナエ 中
置き場所: 日なた
掲載ページ: 110

ステノカルプス 大
置き場所: 日なた〜明るい日陰
掲載ページ: 23, 40

シェフレラ・アクティノフィラ（ブラッサイア）大
置き場所: 日なた〜明るい日陰
掲載ページ: 57

フィカス・ベンガレンシス 大
置き場所: 日なた〜明るい日陰
掲載ページ: 34, 47, 64

フィカス・ビネンダイキー'ヴァリエガタ'（ショウナンゴムノキ・斑入り）大
置き場所: 日なた〜明るい日陰
掲載ページ: 44

フィカス・アルティッシマ'ヴァリエガタ' 大
置き場所: 日なた〜明るい日陰
掲載ページ: 13, 44, 104, 107

ドラセナ・コンパクタ 大
置き場所: 明るい日陰
掲載ページ: 12, 80

> 次ページからは、本書に登場するすべての植物を五十音順に紹介します。

リプサリス 小
置き場所: 日なた〜明るい日陰
掲載ページ: 15, 16, 26, 31, 37, 64, 67, 102, 112, 113, 136

プレランドラ・エレガンティッシマ（アラレア）大
置き場所: 日なた〜明るい日陰
掲載ページ: 36, 54, 71

ブラキキトン・ディスコロル 大
置き場所: 明るい日陰
掲載ページ: 18, 58

五十音順さくいんは、191ページからご覧ください。

フィカス・トリアングラリス・・・・観大27、**47**	ペペロミア・・・・・観小11、12、13、**97**、119	**ゆ**
フィカス・ビネンダイキー'ヴァリエガタ'	ペペロミア・アングラタ・・・・・・観小109	
（ショウナンゴムノキ・斑入り）	ペペロミア・オルバ・・・・・・・観小106	ユーフォルビア 峨眉山鉄甲・・・・・多136
・・・・・・・・・・・・・・・・観大44	ペペロミア・クルシーフォリア・・観小106	ユーフォルビア 白樺キリン・・・・・多137
フィカス・ベンガレンシス	ペペロミア'フォレット'・・・・・観小72	ユーフォルビア・ステノグラダ・・・多**124**
・・・・・・・・・・観大34、**47**、64	ペペロミア・プテオラタ・・・・観小150	ユーフォルビア'ホワイト ゴースト'・・多8
フィカス・ベンジャミナ'シタシオン（斑入り）'	ペペロミア'ホープ'・・・・・・・観小61	ユーフォルビア ミルクブッシュ
・・・・・・・・・・・・・・・・観大**46**		・・・・・・・・・109、117、119
フィカス・ベンジャミナ'スターライト'	**ほ**	ユーフォルビア・ラクテア・・・・・多**125**
・・・・・・・・・・・・観大**46**、154		ユッカ・エレファンティペス
フィカス・ベンジャミナ'バロック'	ボストンタマシダ・・・・・・・・・中108	・・・・・・・・・・・・観大28、**54**
・・・・・・・・・・・・・観大37、**46**	ポトス・・・・・・・・・・観小83、**98**	ユッカ・エレファンティペス'エルミラ'
フィカス・ベンジャミナ（ベンジャミン）	ポトス'エンジョイ'・・観小19、27、66、**98**	・・・・・・・・・・・・・・・・観大**54**
・・・・・・・・・・・・・・・・観大**46**	ポトス'パーフェクト グリーン'・・・観小**98**	ユッカ・デスメティアナ・・・・・・観小8
フィカス・メラニー ドワーフ・・・観小66	ポトス'ライム'・・・・・観小27、82、**98**	ユッカ・ロストラタ・・・・・観大33、82
フィカス・リラタ（カシワバゴムノキ）	ホヘンベルギア・・・・・・・・・観小96	
・・・観大**45**、73、112、113	ホヤ・・・・・・・・・・・・・・観小11	**り**
フィカス・ルビギノサ（フランスゴムノキ）	ホヤ・カルノサ'ヴァリエガタ'	
・・・観大19、**47**、108、150、152、153	・・・・・・・・・**100**、109、113	リプサリス・・・・・・・・・・・多15、
フィロデンドロン・オクシカルディウム	ホヤ・リネアリス・・・・・・・・観小136	16、26、31、37、64、67、**102**、112、113
・・・・・・・・・・・・・・・・観小151	ホヤ・レツサ・・・・・・・・観小8、71	リプサリス・エワルディアナ・・・多8、62
フィロデンドロン・ギガンテウム・・観中76	ホヤ・ロンギフォリア・・・・・・観小70	リプサリス・カスッサ・・・・多61、63、66
フィロデンドロン・ザナドゥ・・・観小92	ポリスキアス・フルティコサ・・・観小58	リプサリス・ケレウスクラ・・・・多8、66
フィロデンドロン'サン レッド'	ポリポジウム'ブルー スター'・・・・多62	リプサリス・ハティオラ・・・・・・多73
・・・・・・・・・・・観中77、153	ボンバックス・・・・・・・・・・多7、71	リプサリス・パラドクサ・・・・・・多62
フィロデンドロン'シルバー メタル'		リプサリス・ピロカルパ（フロストシュガー）
・・観小19、20、82、152、153	**ま**	・・・・・・・・・・・・・・・・多9
フィロデンドロン・ビリエティアエ・・観中76		リプサリス・ラムロサ・・・・・多39、63
フィロデンドロン'フロリダ ビューティー アルバ'	マミラリア 金洋丸・・・・・・・・多136	リュウビンタイ・・・観小31、**85**、113
・・・・・・・・・・・・・・・・観小15	マミラリア・ジェミニスピナ（綴化）・・多62	
フィロデンドロン'ロジョ コンゴ'・・観中77		**れ**
フェロカクタス 金冠竜・・・・・・多117	**み**	
フォッケア・エデュリス 火星人・・・多17		レインボーファーン（コンテリクラマゴケ）
フックシィ・・・・・・・・・・・エ128	ミカニア・デンタータ・・・・・・観小149	・・・・・・・・・・・・・・・・観小97
フックシィ・グラリス・・・・・・・エ138	ミクロソルム・・・・・・・・・・観小37	レピスミウム・ホレティアヌム・・・多70
ブッツィー・・・・・・・・・・・エ139	ミクロソルム・ディベルシフォリウム	レモンマートル・・・・・・・・観大107
プテリス・・・・・・・・・・・・観小152	（カンガルーファーン）	
フベルジア・スクアロサ・・・・観小7、**102**	・・・・・観小65、66、**88**、154	**ろ**
フベルジア（ヒカゲノカズラ）・・観小64		
ブライダルベール・・・・・・・・観小113	**も**	ロフォケレウス・・・・・・多8、111、112
ブラキカウロス・・・・・・・・・エ127		ロフォケレウス 福禄寿・・・・・・多116
ブラキキトン・ディスコロル・・・観大18、**58**	モヨウガラクサ（エラトステマ・レペンス）	
ブラキキトン・ルペストリス（ボトルツリー）	・・・・・・・・・・・・・・・・観小67	
・・・・・・・・観大6、**58**、104	モンステラ・カステリアナ・・・・観小99	
フリーセア・・・・・・・・・観小23、**96**	モンステラ・フリードリッヒスターリー（マドカズラ）	
ブルーサ・・・・・・・・・・・・エ128	・・・・・・・・・・・・・・・・観小99	
フレボディウム・アウレウム・・・観中78	モンステラ（マドカズラ）・・・・・観小62	
プレランドラ・エレガンティッシマ（アラレア）		
・・・・・・観大36、**54**、71	**や**	
ブンクツラータ・・・・・・・・・エ127		
	ヤエマツリカ・・・・・・・・・・観小39	
へ		
ヘデラ・・・・・観小69、73、108、109、113		

Index

観葉植物のテイスト別さくいん

ち
チャルタセア ……………… エ 140

つ
ツデータマシダ ……………… 観小 86

て
ディーフェンバキア …… 観小 89
ディスキディア
 ………… 観小 13、39、61、62、67、102
ディスキディア・オイアンタ'ヴァリエガタ'
 …………………………… 観小 67
ディスキディア・ヌンムラリア 観小 102
ディスキディア・フォルモサナ 観小 102
ディスキディア・ベンガレンシス'ヴァリエガタ'
 …………………………… 観小 102
ディスキディア・ルスキフォリア
 …………………………… 観小 102
ティランジア ……………… エ 20
ティランジア・イオナンタ … エ 66
ティランジア・ウスネオイデス エ 15、66
ストリクタ ………………… エ 140
ティランジア・テクトルム … エ 66
ティランジア・ドゥラティー … エ 8
ティランジア'ビクトリア' … エ 73
テーブルヤシ ……………… 観中 28、75
テクトルム ……………… エ 128、138、139
テクトルム（有茎タイプ） … エ 139
テロカクタス 眠獅子 ……… 多 62
デンドロビウム・アグレガタム'マジュス'
 …………………………… 観小 6

と
トックリラン ……………… 観中 28、39、77
ドミリオプシス・マクラタ … 観小 66
ドラセナ …………………… 観大 69
ドラセナ・アングスティフォリア
 …………………………… 観大 53、107
ドラセナ・エーレンベルギー … 多 122
ドラセナ・エリスラエアエ … 多 116
ドラセナ・カンボジアナ …… 観大 51
ドラセナ'キブ ウェッジ' …… 多 17、122
ドラセナ・コンキンナ ……… 観大 50、153
ドラセナ・コンキンナ'スモール スプーン'
 …………………………… 多 122
ドラセナ・コンパクタ ……… 観大 12、80
ドラセナ（サンセベリア）
 …………………………… 多 6、28、36
ドラセナ'ジャネット クレイグ コンパクタ'
 …………………………… 観大 50

ドラセナ・スタッキー ……… 多 120
ドラセナ・スッフルティコサ … 多 105
ドラセナ・スルクロサ'フロリダ ビューティー'
 …………………………… 観小 92
ドラセナ・ドラコ ………… 観大 60、81
ドラセナ・トリファスキアタ'ローレンティー'
 …………………………… 多 120
ドラセナ・バクラリス …… 多 12、110、122
ドラセナ・パテンス ……… 多 33
ドラセナ・フラグランス（デレメンシス グループ）
 …………………………… 観大 111
ドラセナ・フラグランス
 （デレメンシス グループ）'レモン ライム'
 …………………………… 観大 53
ドラセナ・フラグランス'マッサンゲアナ'
 …………………………… 観大 53
ドラセナ・フランシシー …… 多 117
ドラセナ'ボンセレンシス' … 多 121
ドラセナ・マルギナタ ……… 観大 81
ドラセナ・マルギナタ'ホワイボリー'
 …………………………… 観大 9
ドラセナ・レフレクサ
 'ソング オブ インディア' … 観大 52、111
ドラセナ・レフレクサ'ソング オブ ジャマイカ'
 …………………………… 観大 52
ドラセナ・ロブスタ ……… 多 121
ドラセナ・ゼイラニカ ……… 多 121
ドラセナ・トリファスキアタ'ハーニー'
 …………………………… 多 121
トリコロル ………………… エ 128

ね
ネオレゲリア・コンセントリカ 観小 94
ネオレゲリア'トリコロル' … 観小 94
ネオレゲリア'パープル スター' 観小 94
ネオレゲリア・パウキフロラ … 観小 73
ネフロレピス ……………… 観小 30、36、153
ネフロレピス'エミーナ ドラゴン テール'
 …………………………… 観小 87
ネフロレピス'ダッフィー' … 観小 87

は
ハオルシア ………………… 多 67
ハオルシア 薄紫 …………… 多 132
ハオルシア 紫翠 …………… 多 132
ハオルシア 十二の巻 ……… 多 33、132、137
ハオルシア 十の爪 ………… 多 33
ハオルシア 祝宴 …………… 多 132
ハオルシア 白水晶 ………… 多 132
ハオルシア 花鏡 …………… 多 132
ハオルシア 松葉 …………… 多 132
パキフィツツム 千代田の松 … 多 135

パキフィツツム・フーケリー … 多 134、135
パキフィツツム 桃美人 …… 多 134
パキポディウム・エブレネウム 多 114
パキポディウム・ブレビカウレ（恵比寿笑い）
 …………………………… 多 114
パキポディウム・ホロンベンゼ 多 117
パキポディウム・ラメリー … 多 31、119
パキラ ……………………… 観大 43、111
ハナキリン ………………… 観大 20
パラオドラセナ …………… 観大 51
パルテノシッサス'シュガーパイン'
 ………… 観大 27、69、101、152
パンダガジュマル ………… 観大 39、48
バンダヌス ………………… 観大 73、119
バンダ（ラン） ……………… 観大 15

ひ
ビカクシダ ……… 観中 16、36、60、78、81
ビカクシダ・ウイリンキー … 観中 61
ビカクシダ・ビーチー ……… 観中 62
ビカクシダ・ビフルカツム … 観中 60、62
ビカクシダ・ヒリー ………… 観中 61
ヒカゲヘゴ ………………… 観中 31
ヒポエステス ……………… 観大 19
ヒメテーブルヤシ ………… 観中 75
ヒルデウィンテラ・カラデモノニス
 …………………………… 多 119
ピレア'エデン' …………… 観小 149
ピレア・カデイエレイ ……… 観小 19
ピレア・カデイエレイ'ミニマ' 観小 97
ピレア・ディプレッサ ……… 観小 150
ヒロハケンチャヤシ ……… 観大 42

ふ
フィカス …………………… 観大 80、104
フィカス・アルティッシマ
 ………… 観大 11、31、61、118
フィカス・アルティッシマ'ヴァリエガタ'
 ………… 観大 13、44、104、107
フィカス・ウンベラタ
 ………… 観大 27、32、38、45、106、113
フィカス・エラスティカ …… 観大 12、37
フィカス・エラスティカ'エステカ ルビー'
 …………………………… 観大 45
フィカス・エラスティカ'デコラ トリカラー'
 …………………………… 観大 45
フィカス・エラスティカ'バーガンディ'
 …………………………… 観大 154
フィカス・キアティスティプラ 観大 107
フィカス・ジン …………… 観大 111
フィカス・ストリクタ ……… 観大 67

カランコエ・ベハレンシス'ファング'
　・・・・・・・・・・・・・・・・・・・・・・・・・多111、125
カランコエ・ベハレンシス'ホワイトリーフ'
　・・・・・・・・・・・・・・・・・・・・・・・・・多125、137
カランコエ類・・・・・・・・・・・・・・・・・多66

き

キセログラフィカ・・・・・・・エ127、138、139
キダチアロエ・・・・・・・・・・・・・・・・・多106
ギムノカクタス 白鯱・・・・・・・・・・・多126
ギムノカリキウム 緋牡丹錦・・・・・多126

く

グズマニア・・・・・・・・・・・・・・・・・観小96
クセロキシオス グリーンドラム・・・多60
クテナンテ・・・・・・・・・・・・・・観中23、74
クテナンテ・マランティフォリア
　'ゴールデン モザイク'・・・・・・・観中74
クラッスラ ゴーラム・・・・・多61、67、137
クラッスラ 小米星・・・・・・・・・・・・多135
クラッスラ 火祭り・・・・・・・・・・・・多135
クラッスラ 姫花月・・・・・・・・・・・・多137
クラッスラ 姫緑・・・・・・・・・・・・・・多134
クラッスラ 紅稚児・・・・・・・・・・・・多135
クラッスラ 星の王子・・・・・・・多134、135
クラッスラ 南十字星・・・・・・・・・・多137
クラッスラ 紅葉祭り・・・・・・・・・・多137
クラッスラ レモータ・・・・・・・・・・多137
クラッスラ ロゲルシー・・・・・・・・・多137
クラッスラ 若緑・・・・・・・・・・・多67、137
グラプトペタルム'ブロンズ姫'・・・多135
グラプトベリア 白牡丹・・・・・・・・・多135
グラプトベリア'デビー'・・・・・・・・・多135
グラプトベリア 薄氷・・・・・・・・・・多135
グラプトベリア 初恋・・・・・・・・・・多137
クリプタンサス・・・・・・・・・・・・観小96
クルシア（斑入り）・・・・・・・・・観中75
クロトン・・・・・・・・・・・・・・・・・・観大55
クロトン'ウリズン'・・・・・・・・・・観大55
クロトン'流星'・・・・・・・・・・・・・観小19
クワズイモ・・・・・・・・・・・・・観小37、90

け

ゲッキツ（シルクジャスミン）・・・観大49

こ

ココロバ・ウヴィフェラ（シーグレープ）
　・・・・・・・・・・・・・・・・・・・・・・・・・観大49
コチレドン 熊童子・・・・・・・・・・・・多136
コチレドン 福娘・・・・・・・・・・・・・・多135

'コットンキャンディ'・・・・・・・・エ127
コルディリネ・・・・・・・・・・・・・・観小81
コルディリネ・フルティコサ
　・・・・・・・・・・・・・・・・・・・・観大9、55
コルディリネ・フルティコサ'サンゴ'
　・・・・・・・・・・・・・・・・・・・・・・・・・観大55
コルディリネ・フルティコサ'ブラックスパイダー'
　・・・・・・・・・・・・・・・・・・・・・・・・・観中9

さ

サボテン 将軍（綴化）・・・・・・・・多72
サボテン 白檀・・・・・・・・・・・・・・・多72
サボテン竜神木（綴化）・・・・・・・多73
ザミア・・・・・・・・・・・・・・・・・・観小31
ザミア・フルフラケア（ヒロハザミア）
　・・・・・・・・・・・・・・・・・・・・・・観小91
ザミオクルカス・・・・・・・・・・・観小66
ザミオクルカス・ザミーフォーリア・・・観小91

し

シェフレラ・アクティノフィラ（ブラッサイア）
　・・・・・・・・・・・・・・・・・・・観大57、104
シェフレラ・アルボリコラ・・・観大69
シェフレラ・アルボリコラ'コンパクタ キング'
　・・・・・・・・・・・・・・・・・・・観大57、65
シェフレラ・アルボリコラ'コンパクタ クイーン'
　・・・・・・・・・・・・・・・・・・・・・・・151、154
シェフレラ・アングスティフォリア
　・・・・・・・・・・・・・・・・・・・観大57、153
シェフレラ・ウェヌロサ・・・・観大151
シェフレラ・エリプティカ・・観大149
シェフレラ'グランディー'・・・・観大56
シェフレラ'ハッピー イエロー'・・観大56
シェフレラ・ピュックレリ
　・・・・・・・・・・・・・・・観大36、37、71
ジグサグサボテン・・・・・・多73、116、136
シッサス'ガーランド'・・・・・・・観小101
シッサス・ディスコロル・・・・・・観小101
シッサス・ロンビフォリア'エレン ダニカ'
　・・・・・・・・・・・・・・・観小11、38、101、112
シノブシダ・・・・・・・・・・・・・・・観小19
シマオオタニワタリ'アビス'・・観小84
シマオオタニワタリ'プリカツム'
　・・・・・・・・・・・・・・・・・・・観小85、112
ジャボチカバ・・・・・・・・・・・・・観大41
ジュンセア（'ジュンシフォリア'）
　・・・・・・・・・・・・・・・・・・・・エ128、140
シンゴニウム・エリスロフィルム
　・・・・・・・・・・・・・・・・・・・観小99、106

す

スカポーサ（コルビィ）・・・・・・エ127
スキンダプスス・・・・・・・・・・・観小20
スキンダプスス・ピクタス・・・観小83
スキンダプスス・ピクタス'アルギレウス'
　・・・・・・・・・・・・・・・・・・・・・・観小99
ステノカルプス・・・・・・・・観大23、40
ストレリチア・ニコライ
　・・・・・・・・・観大12、27、43、71、111、116
ストレリチア・レギナエ・・・観中110
ストロマンテ・サンギネア'トリコロル'
　・・・・・・・・・・・・・・・・・・・・・・・観中74
スパティフィルム・・・・・・観小91、110

せ

セダム・・・・・・・・・・・・・・・・・・・・多67
セダム 黄麗・・・・・・・・・・・・・多134、135
セダム 乙女心・・・・・・・・・・・・・・・多135
セダム 白雪ミセバヤ・・・・・・・・・・多134
セダム 新玉つづり・・・・・・・・・・・・多67
セダム 天使の雫・・・・・・・・・・・・・多134
セダム トレレアセイ・・・・・・・・・・多134
セダム 虹の玉・・・・・・・・・・・・・・・多67
セダム・プロリフェラ・・・・・・多134、135
セデベリア 樹氷・・・・・・・・・・多134、135
セデベリア'ハンメリー'・・・・・・・・多135
セデベリア'ファンファーレ'・・・・・多134
セデベリア レティジア・・・・・・・・多134
セネシオ クラシハマタ・・・・・・・・多137
セネシオ グリーンネックレス・・・多134
セネシオ 七宝樹・・・・・・・・・・・・・多67
セネシオ 青涼刀・・・・・・・・・・・・・多137
セネシオ ドルフィンネックレス・・多67
セネシオ マサイの矢尻・・・・・・・・多137
セネシオ ルビーネックレス・・・・・多137
セレウス・セレヴィアヌス・・・・・・多111
セロウム・・・・・・・・・・・・・・観中76、113
センカクガジュマル・・・・・・・観大48
センペルビウム 大紅巻絹・・・・・・多135

そ

ソフォラ・・・・・・・・・・・・・・・・観小111
ソフォラ・ミクロフィラ・・・・・観小113

た

台湾石化アオネカズラ・・・・・・観小15
タカワラビ'ゴールデンチャウチャウ'
　・・・・・・・・・・・・・・・・・・・・・・観小71
タマシダ・・・・・・・・・・・・・・・・観小86

五十音順さくいん

本書に登場するすべての植物のさくいんです。
ページ数が太字のものは、
植物カタログで詳しい解説が掲載されています。

アイコンの見方

- 観大 観葉植物（樹高1.5m以上）
- 観中 観葉植物（樹高または草丈1～1.5m）
- 観小 観葉植物（草丈1m以下）
- 多 多肉植物（サボテンを含む）
- エ エアプランツ

あ

- アエオニウム 愛染錦 ……… 多134
- アエオニウム・アルボレウム
  ……… 多37、39、**124**
- アエオニウム 黒法師 ……… 多137
- アガヴェ ……… 多28
- アガヴェ・アッテヌアタ
  ……… 多9、31、38、61、62、113
- アガヴェ・ゲミニフロラ ……… 多31
- アガヴェ 笹の雪 ……… 多**123**
- アガヴェ 白糸の王妃 ……… 多**123**
- アガヴェ 帝釈天 ……… 多**123**
- アガヴェ・デスメティアナ（ベネズエラ）
  ……… 多16、31、35、**123**
- アガヴェ・マクロアカンサ ……… 多60
- アガヴェ 雷神 ……… 多33
- アグラオネマ ……… 観小13、**89**
- アグラオネマ'ホワイト ストーク'
  ……… 観小19、**89**
- アグラオネマ'レディ バレンタイン'
  ……… 観小27、73
- アグラオモルファ ……… 観小31
- アジアンタム ……… 観小**87**
- アストロフィツム 亀甲ヘキラン ……… 多62
- アストロフィツム 兜 ……… 多**126**
- アストロフィツム 般若 ……… 多23、**126**
- アスパラガス・デンシフロルス'スプレンゲリー'
  ……… 観小37、**88**
- アスパラガス・マコワニー（ミリオクラダス）
  ……… 観小**88**
- アスプレニウム'アビス' ……… 観小20
- アスプレニウム'クリーシー' ……… 観小6
- アスプレニウム・ツンベルギー ……… 観小63
- アスプレニウム'レズリー' ……… 観小6、**85**
- アドロミスクス ……… 多135
- アマゾンオリーブ ……… 観大**41**
- アリオカルプス ……… 多118
- アルブカ・フミリス ……… 多62
- アロエ ……… 多28
- アロエ・ジュクンダ ……… 多119
- アロエ・ストリアタ ……… 多117
- アロエ・ディトコマ ……… 多116、**124**
- アロエ'ドリアンフレーク' ……… 多119
- アロエ・バイネシー ……… 多118
- アロエ・フェロックス ……… 多119
- アロエ'フラミンゴ' ……… 多23、33、**125**
- アロエ・プリカティリス ……… 多15、116、117
- アロエ・ラモシッシマ ……… 多116
- アロエ 琉璃姫孔雀 ……… 多132
- アロカシア ……… 観小90
- アンスリウム ……… 観小36、90

い

- イオナンタ ……… エ138

う

- ウェベルバウエロケレウス 金彩閣 ……… 多137
- ウスネオイデス ……… エ127、140
- 雲南シュロチク ……… 観大42

え

- エキノカクタス 金鯱 ……… 多118
- エクメア・オーランディアナ ……… 観小8
- エクメア・オーランディアナ'エンサイン'
  ……… 観小8
- エクメア・タヨエンシス ……… 観小95
- エクメア・チャンティニー'ブラック エボニー'
  ……… 観小9
- エクメア・テスマニー ルブラ'アダルト'
  ……… 観小9
- エクメア・ヌディカウリス'フラボマルギナタ'
  ……… 観小95
- エクメア・ファスキアタ ……… 観小95
- エクメア'フォスターズ フェイバリット'
  ……… 観小95
- エクメア・ブロメリーフォリア ……… 観小8
- エケベリア ……… 多20、83
- エケベリア・アフィニス ……… 多83
- エケベリア 群月花 ……… 多135、137
- エケベリア 霜の朝 ……… 多137
- エケベリア 白牡丹 ……… 多137
- エケベリア 静夜 ……… 多134
- エケベリア・ピーコッキー ……… 多83
- エケベリア'ブラックプリンス錦' ……… 多135
- エケベリア 紅司 ……… 多137
- エケベリア'ミニベル' ……… 多135
- エケベリア 桃太郎 ……… 多135
- エケベリア・リラシナ ……… 多135
- エケベリア・リンゼアナ ……… 多135
- エケベリア'ローラ' ……… 多134、135
- エスキナンサス ……… 観小34、**100**
- エスキナンサス'タイピンク' ……… 観小8
- エスキナンサス'ツイスター' ……… 観小**100**
- エスキナンサス・マルモラツス
  ……… 観小**100**
- エスキナンサス'モナリザ' ……… 観小**100**
- エスキナンサス'ラスタ' ……… 観70
- エスポストア 幻楽 ……… 多**126**
- エバーフレッシュ ……… 観大8、30、39、**42**、69
- エピフィルム・アケルマニー ……… 多9

お

- オオタニワタリ ……… 観小16、**84**
- オブゴレニア 帝冠 ……… 多62
- オプンチア 白桃扇（バニーカクタス）
  ……… 多39
- オリヅルラン ……… 観小13、**89**
- オロスタキス 岩蓮華 ……… 多134
- ガジュマル ……… 観大**48**、81
- ガステリア ……… 多110
- ガステリア 臥牛 ……… 多**125**
- カピタータ ……… エ128
- カブトメドゥーサエ ……… エ139
- カラテア ……… 観小113
- カラテア・オルビフォリア
  ……… 観小26、**93**、106
- カラテア'ビューティー スター' ……… 観小73
- カラテア'ピンク スター' ……… 観小**93**
- カラテア・ファスキアタ ……… 観小**93**
- カラテア'フレディ' ……… 観小12
- カラテア・ルフィバルバ ……… 観小**93**
- カランコエ 月兎耳 ……… 多134
- カランコエ 胡蝶の舞 ……… 多137

監修／観葉植物（P6～20、P22～28、P30～58、P60～78、P80～102、P104～114、P120～122、P141～145、P172～180）

尾崎 忠（おざき ただし）

エクゾティックプランツ代表取締役として約2500～3000種の熱帯植物の生産に携わり、熱帯植物の魅力を一般家庭に伝えようと努力している。https://www.exoticplants.co.jp/

監修／多肉植物、サボテン（P116～119、P123～126、P129～130、P136～137、P146）

野末陽平（のずえ ようへい）

多肉植物を中心に生産から販売まで手がけるサボテンランド　カクト・ロコの二代目。1000種類以上の多肉植物、サボテンを育成した経験を踏まえ、多肉植物の魅力を発信し続けている。http://cactoloco.jp/

監修／エアプランツ（P127～128、P14～17、P131、P138～140）

藤川史雄（ふじかわ ふみお）

園芸家。スピーシーズ・ナーサリー代表。ティランジアをはじめ、多肉植物など個性の強い植物を取り扱い、その普及に努めている。http://speciesnursery.com/

取材協力

Green Gallery GARDENS　TEL 042-676-7115　http://www.gg-gardens.com/
COFFEE STAND moi　TEL 0743-62-3677　https://www.instagram.com/moi.imodesign/
the Farm UNIVERSAL osaka　TEL 072-649-5339　http://the-farm.jp/osaka/
the Farm UNIVERSAL chiba　TEL 043-497-4187　http://the-farm.jp/chiba/
村田永楽園　TEL 03-3300-8341　https://www.murata-g.com/
mori no butter　info@morinobutter.net

掲載商品問い合わせ先

アース製薬　0120-81-6456　https://www.earth.jp/
アイリスオーヤマ　0120-211-299　https://www.irisplaza.co.jp
住友化学園芸　TEL 03-3663-1128　https://www.sc-engei.co.jp/
ハイポネックス ジャパン　TEL 06-6396-1119　https://www.hyponex.co.jp
フマキラー　0077-788-555　http://www.fumakilla.co.jp/
メネデール　TEL 06-6209-8041　http://www.menedael.co.jp/

本書に関するお問い合わせは、書名・発行日・該当ページを明記の上、下記のいずれかの方法にてお送りください。電話でのお問い合わせはお受けしておりません。
・ナツメ社webサイトの問い合わせフォーム
　https://www.natsume.co.jp/contact
・FAX（03-3291-1305）
・郵送（下記、ナツメ出版企画株式会社宛て）
なお、回答までに日にちをいただく場合があります。正誤のお問い合わせ以外の書籍内容に関する解説・個別の相談は行っておりません。あらかじめご了承ください。

はじめてのインドアグリーン
選び方と楽しみ方

2018年10月 1日　初版発行
2022年 9月10日　第6刷発行

発行者　田村正隆

発行所　株式会社ナツメ社
　　　　東京都千代田区神田神保町1-52　ナツメ社ビル1F（〒101-0051）
　　　　電話　03-3291-1257（代表）　FAX　03-3291-5761
　　　　振替　00130-1-58661

制　作　ナツメ出版企画株式会社
　　　　東京都千代田区神田神保町1-52　ナツメ社ビル3F（〒101-0051）
　　　　電話　03-3295-3921（代表）

印刷所　図書印刷株式会社

ISBN978-4-8163-6528-7　　　　Printed in Japan

本書の一部または全部を著作権法で定められている範囲を超え、ナツメ出版企画株式会社に無断で複写、複製、転載、データファイル化することを禁じます。
〈定価はカバーに表示してあります〉〈乱丁・落丁本はお取り替えいたします〉

ナツメ社Webサイト
https://www.natsume.co.jp
書籍の最新情報（正誤情報を含む）はナツメ社Webサイトをご覧ください。

編集協力／株式会社エフジー武蔵
本文デザイン／ohmae-d
イラスト／五嶋直美
撮影／今坂雄貴　関根おさむ
（以上、エフジー武蔵）
内藤正美　山本尚意
ライター／栗原晶子　吉田愛紀子
編集・執筆／
若山裕美　井上園子　椎野俊行　片山幸帆
浦部亜紀子
（以上、エフジー武蔵）
編集担当／柳沢裕子（ナツメ出版企画）